길에서 길을 묻다

나의 해파랑길 걷기

길에서 길을 묻다

나의 해파랑길 걷기

초판 발행 2014년 12월 10일 / **초판 2쇄** 2015년 4월 15일

지은이 김영현 / **펴낸곳** 영남대학교출판부 / **펴낸이** 노석균

출판등록 1975년 9월 5일 경산 제16-1호

주소 경북 경산시 대학로 280 / **전화** 053) 810-1801~3 / **FAX** 053) 810-4722 / 홈페이지 book.yu.ac.kr

ISBN 978-89-7581-476-1

이 도서의 국립중앙도서관 출판예정도서목록(CIP)은 서지정보유통지원시스템 홈페이지(http://seoji.nl.go.kr)와
국가자료공동목록시스템(http://www.nl.go.kr/kolisnet)에서 이용하실 수 있습니다. (CIP제어번호: CIP2014034368)

길에서 길을 묻다

나의 해파랑길 걷기

김영현 지음

열린시선

'길에서 길을 묻다' 추천사

김영현의 〈길에서 길을 묻다〉는 이 시대가 새롭게 요청하는 걷기 문화에 응답하는 시의적절한 저서이다. 김영현은 이 걷는다는 것의 가치에 일찍부터 눈 떠 무수히 많은 길을 걸으면서 체험한 내용을 사람들에게 적극 알려주는 일을 해왔다. 내가 영남대 교수 시절 〈나의 문화유산 답사기〉를 펴낸 것을 보고, 대구의 예술마당 '솔'에서 문화답사를 할 때부터 길을 걷기 시작했으니 그 연륜이 30년도 더 되는 것 같다. 그는 1990년대에는 백두대간을 종주하였고, 2000년대에는 전국의 사찰여행을 다녔고, 현재도 (사)한국워킹협회 이사로 전국의 걷기 좋은 길을 걸으며 스토리텔링을 하고 있을 정도로 이 분야의 전문가이자 베테랑이라고 할 수 있다.

그가 이번에 펴낸 〈길에서 길을 묻다–나의 해파랑길 걷기〉에서 '해파랑길'이란 해+파랑(바다)+길의 합성어이다. 이 길은 신라시대 화랑들이 경주를 중심으로 남으로는 부산까지, 북으로는 금강산에 이르기까지 바다를 따라 국토를 순례하며 심신을 단련했던 길이다. 김영현의 책은 부산에서 시작해 강원도 고성 통일전망대까지 도상거리 770km의 해파랑길을 걸으며 신라 화랑이 남긴 진한 체취와 길 위에 녹아 있는 민중들의 삶과 수 많은 유형·무형의 문화유산을 보며 새로운 시각으로 스토리텔링을 하고 있는 역작이다. 이 책은 범람하는 기존의 여행서와는 달리 지난 역사를 돌아보며 앞으로 삶을 튼실하게 만들어 나가고자 하는 모든 사람들에게 도움이 되는 책이 될 것이다.

1만 년의 역사가 서려 있는 우리 땅의 거미줄 같은 길은 선인들의 자취가 서려 있어 그 길을 걷는 동안 우리는 삶의 모든 것, 희망, 의지, 고난, 아픔, 슬픔 그리고 넉넉함과 무덤덤함 등을 체험하게 된다. 근래에 들어와 제주 올레길, 지리산 둘레길, 문경새재 과거길, 추사 김정희의 유배길 등이 개발되어 많은 길에 여행자, 답사객이 모여들고 있다. 이 책을 통해 우리는 이제 해파랑길이라는 자연과 역사가 어우러진 또 하나의 걷기 좋은 길, 걸을 만한 길, 걸어보고 싶은 길을 만나게 된 것이다.

본래 걷는다는 일 그 자체가 인간의 사유작용을 북돋아주는 가장 훌륭한 행위임을 현대인들이 놓치고 있었는데 그것이 이 책을 통해 이렇게 다시 부활하고 있는 것이다. 그것은 느림의 미학에 대한 일깨움이며, 우리들 일상생활에 정신적 풍요로움을 가져다주는 가장 유효한 휴식임을 알게 해준다는 점에서 이 책이 반갑고 고맙다.

유홍준〈전 문화재청장/ '나의 문화유산답사기' 저자〉

걷기는 인간만이 할 수 있는 신의 은총이다.

왜 걷는가? 이 질문에 대한 정답은 없다.

의미가 있든 없든, 어떤 이득을 생각하기 전에 본능적으로 걷고 또 걷는 것이 인간의 생활방식이다. 가난한 시절에는 걷는 것이 지겹다 생각했고 언제 멋있는 차를 탈 수 있을까 생각했다. 그 지겨움 때문에 걷는 일상이 자신의 건강에 얼마나 많은 도움을 주는지 전혀 알지 못했다.

하지만, 우리 삶이 점점 윤택해지면서 흔히 우리가 영위하는 일상에 대해서 '왜?' 또는 '무엇?'을 생각하게 되었고, 더욱 긍정적이고 유익한 것을 생각하게 되었다. 이제는 먹고 사는 것에 바빠서 생각하지 못했던 삶의 질을 생각하게 되었고, 그에 어울리는 건강을 생각하게 되었다.

건강이란 정신적, 육체적, 사회적으로 완전한 상태를 말한다. 완전한 건강상태란 도저히 이룰 수 없는 경지이지만 그래도 비교적 건강한 삶을 살 수 있는 방법은 없을까? 한 가지만으로는 부족하겠지만, '걷기'는 정신적, 육체적, 사회적으로 완전한 건강 상태에 이르도록 한다. 세상에 있는 그 어떤 건강 향상법보다도….

파란 하늘, 아니 어떤 하늘이라도 좋다. 하늘을 쳐다보며 걷노라면 자신의 삶에 감사하게 되고, 자신이 얼마나 작은지를 느끼게 되고, 겸손의 지혜를 터득하게 된다. 또 같이 걷는 동료와 가족에 대한 사랑을 느끼게 되고, 자연을 아끼고 사랑하는 마음이 저절로 생긴다. 쓰레기 더미나 파괴된 자연이 있는 곳을 걸으면 인간이 자연에 대해 얼마나 몹쓸 짓을 했는지 느끼게 된다. 걸을 수 있다는 것 그 하나 만으로도 우리는 뿌듯해지고, 속에 쌓인 찌꺼기가 사라지기도 한다. 그러니 걷는 것이 어찌 신의 은총이 아니겠는가? 어찌 감사하다는 말이 안 나오겠는가?

2001년 (사)한국워킹협회를 창립하여 현재까지 회장을 맡고 있다. 회장으로서 지난 10여 년 동안 수 많은 걷기 대회와 세미나를 개최하였고, 걷기와 관련된 일화나 책, 논문을 많이 접해 왔다. 하지만, 아직까지 추억을 만들고, 감사함을 느끼고, 얘깃거리가 되는 곳을 다시 살핀 책은 없었다. 걷는 사람 자신이 단순한 탐방객이 아니라 시인이나 역사학자의 마음을 가지고 걸으면서 체험하고 느낀 이야기를 곁들인 책은 전무하였다.

차제에 김영현 선생의 저서 『길에서 길을 묻다–나의 해파랑길 걷기』를 접하고 깜짝 놀랐다. 이 책은 그야말로 걷기를 통해 건강을 되찾을 수 있는 방법과 인생의 철학적 의미가 진득하게 녹아 있기 때문이다. 꾸밈 없는 생활인이자 걷기를 묵묵히 실천하는 실천가인 김영현 선생은 시인이자 역사학자, 문화비평가의 시각을 가지고 시공을 넘나드는 이야기로 우리의 걷기 길을 더욱 재미있게 만들어가고 있다. 그가 온몸으로 체험한 재미있는 이야기가 가득한 이 책은 독자들에게 흔히 일상적이라 할 수 있는 걷기의 참모습을 일깨워 줄 것이다. 벌써 김영현 선생의 또 다른 이야기책을 기다리는 것은 이 책을 읽으며 그만큼 많이 놀랐기 때문일 것이다.

김영현 선생의 노력에 경의를 표하고, 이 책을 통해 걷기의 참 의미가 널리 전파되어 전국의 수 없이 많은 걷기 길마다 사람들이 넘쳐나기를 기원한다.

걷기는 신의 은총이다.

윤방부(한국워킹협회 회장, 연세대 명예교수)

머리말

이상기후로 이른 봄부터 초여름 날씨가 계속되었다. 여름이 가까워지자 한반도 전역이 아열대 기후로 울렁거렸고, 장마 없이 시작된 여름은 살인적인 더위로 생활을 뒤죽박죽으로 만들었다. 아카시아 꽃이 질 때쯤부터 주말이면 어디로 떠나고 싶은 마음이 간절하였다.

6월 초 (사)한국워킹협회에서 받은 '걷기지도자연수'가 자극제가 되었다. 습득한 기술이나 지식, 혹은 한 번 경험한 것은 항상 새로운 도전을 하게 한다. 도전에서 얻은 성취감은 삶에 흔적을 남기고, 또 다른 도전을 하게 한다. 걷기의 의미, 목적, 효과, 습관, 올바른 자세 등 연수에서 배운 것을 직접 적용하고 싶은 생각이 들었다.

30일 동안의 여름방학을 이용한 걷기 길을 선택해야만 했다. 인터넷을 통해 지리산 둘레길, 부산 갈맷길, 청송 외씨버선길, 상주 MRF길, 강원도 바우길, 제주도 올레길 등을 검색해 보았지만 대략 일주일이면 끝이 날 길들이었다. 그래서 별로 주저하지 않고 해파랑길을 선택하게 되었고, 방학이 시작되자 걷기를 시작할 수 있었다.

10여 년 전 주말을 이용하여 백두대간을 종주한 적이 있었다. 꼬박 1년이 걸린 대장정이었는데, 그때도 종주산행 중에 느낀 것을 글로 쓰고 싶다는 생각이 있었다. 당시 생각을 적은 자료가 남아 있어 지금 뒤적여보니 모든 것이 부족하다. 우스운 것들도 눈에 띈다. 40대 초반의 성숙하지 못한 나이였고, 세상살이의 어려움을 몰랐던 시절의 생각들이었다. 그리고 살아가는 게 바빠 까마득히 잊어버린, '글을 쓰자'는 생각이 해파랑길을 걸으면서 새록새록 돋아나는 것이었다. 경사진 길이 없는 편안한 바닷가 걷기 길은 떠오르는 생각을 머릿속에 잡아두기에도 좋았다. 시간이 허락하는 대로 쓴 글을 '카카오스토리'에 올려두게 되었다. 올린 글이 50여 편 정도가 되자 정리하여 책으로 엮어 보자는 지인들의 제안이 있어 용기를 내어 책으로 펴내게 되었다.

나는 모든 길은 세상사와 통한다고 믿고 있다. 집 앞을 나서면 길이 시작되는데, 그 길을 통해 우리는 세상 속으로 들어가는 것이다. 우리는 길 위에서 웃고 울면서 살아가고 있는데, 우리가 걷는 그 인생길에는 그런 많은 이야기가 숨어 있다. 즐겁고 흥미로운 이야기도 있지만 슬픈 이야기도 있다. 해파랑길에도 많은 이야기가 숨어 있었다. 하지만 그것은 삶의 진한 깨달음처럼 꼭꼭 숨겨져 있어 쉽게 접근하지 못할 이야기였다.

나는 속도를 강조하는 고속도로를 제외한 국도나 걷기 길에는 충분한 이야기가 있어야 하고 신화와 전설이 넘쳐흘러야 한다고 믿고 있다. 사람이 길을 만들었고, 사람들은 그 길을 통해 살아간다. 이제는 길이 사람을 건강하게 만들고, 사람이 길을 재미있게 해야 한다고 믿는다. 재미있는 이야기가 있는 길을 걸으면 정신적인 위안 즉, 힐링이 되는 것이다.

이 책은 없는 이야기를 만들어낸 것은 아니다. 걷기 길이나 그 언저리에 있는 이야기를 내 나름으로 새롭게 정리한 것이다. 이 책은 접근하기 쉬운 교통편이나 맛집을 소개하고 몇몇 경치 좋은 곳으로 안내하는 여행안내서는 아니다. 시중에 나와 있는 여행안내 책자들이 대부분 일상의 탈출이나 볼만한 풍경을 다루고 있는 점이 불만이었다. 먹고 마시고 사진 몇 장 찍고 돌아오는 길은 항상 허탈했다. 이야기가 없었다. 이 책은 길을 걸으며 생각나는 것이나, 길 위에 떠도는 이야기를 적은 것들이다. 욕심이 있다면, 이 책이 '우리의 걷기 길에 풍성한 이야기를 입히자'는 제안서가 되었으면 한다. 이런저런 이야기가 모여 길을 재미있게 만들고, 그런 이야기가 모여서 더욱 멋진 걷기 길, 더욱 새로운 걷기문화가 만들어지길 바란다.

이 책이 출판되기까지 우여곡절이 많았는데, 주변의 많은 사람이 도움을 주었다.

(사)한국워킹협회 이사장인 김대현 교수와 김장순 회장은 항상 걷기에 대한 올바른 지식과 마음자세를 일러준 분들이다. 삶을 진지하고 건강하게 살아가는, 필자가 사랑하고 존경하는 분들이다.

조문환 의원, 송휘영 교수, 박승희 교수, 진혜전 소장, 노춘화 원장, 박세호, 이정락, 주혜린, 김춘한, 김성한, 김재선 외에도 직장동료들이 관심을 가져주었고, 격려를 아끼지 않았다.

책으로 묶고자 하니 사진이 필요했다. 그러나 휴대전화로 찍은 사진뿐이었다. 사진이 필요하다는 출판사의 요구 때문에 지인들의 도움을 받기로 했다. 평소 사진에 관심이 있는 분께 부탁하여 내가 걸은 해파랑길을 다니며 사진을 다시 찍었다. 김상환 이사장, 권순호 실장, 이정은 박사가 멋진 사진을 찍어 주었다. 세 분은 이 책의 공저자와 다름없다.

일산一山 박위호朴偉浩 선생은 서예와 전각을 오랫동안 공부하여 일가를 이룬 분인데, 내 원고를 읽고 여러 전각 작품을 손수 각刻해 주었다. 일산 선생이 돌에 새긴 전각 작품은 이 책의 내용보다 오히려 값진 것이라 생각한다.

지방분권운동 대구경북본부에서는 지역의 자연과 문화의 소중함을 걸으면서 느낄 때 자치와 분권의 중요성을 더욱 잘 이해할 수 있다는 취지로 2013년부터 5년 계획으로 매달 해파랑길 문화트레킹을 하고 있다. 분권운동본부의 이창용 대표, 조정 변호사, 이수인 회장, 손윤수, 이무영 외 모든 분들의 성공적인 해파랑길 걷기를 기원한다.

항상 진지하게 살아가고 열심히 공부하는 선기, 민기와 이제는 제법 어른스러워진 믿음직한 병기, 나의 더 나은 반쪽인my better half 윤명숙에게도 고마움을 전한다.

목차

소요학파逍遙學派 혹은 길 위의 창조자들

걷는 사람은 좀 더 객관적·이성적으로 생각할 수 있고, 삶을 효과적으로 기획할 수 있다고 한다. 걸으면 뇌에 피가 많이 공급되므로 두뇌기능이 활성화되어 아이디어가 풍부해지고, 기획력이 증가하기 때문일 것이다. 걸으면 자연과 상호침투현상으로 대립·투쟁보다 평화와 소통疏通을 생각하게 되고, 혼자보다는 너와 나의 연대連帶를 생각하게 된다. 또 인생의 고뇌와 어려움이 순화純化되어 정신적인 편안함을 느끼게 된다.

걷는 사람만이 세상을 온전히 느낄 수 있다 했던가? 이는 걷는 것이 자연과 같은 속도로 살아가는 것이고, 인간은 이러한 느린 속도에서 삶의 느낌을 온전히 얻을 수 있다는 말이다. 페터 한트케는 『역사의 연필』에서 다음과 같이 말한다.

> 탈 것에 몸을 싣고 가면 나는 절대 존재하지 않는다.
> 단지 걸을 때만 공간이 열리고 빈 공간들이 춤을 춘다.
> 걸으면서만 나는 나무에 달린 사과처럼 몸을 돌릴 수 있다.

걷는 사람만이 머리가 어깨 위로 자라난다.
걷는 사람만이 자기 발에 발꿈치가 있다는 것을 경험한다.
걷는 사람만이 육체를 통한 이동을 느낀다.
걷는 사람만이 높은 나무의 소리를 정확하게 듣는다. 정적을!
걷는 사람만이 따라잡을 수 있으며, 자기 자신에게로 갈 수 있다.
걷는 사람이 생각하는 것만이 유효하다.

누워서 보다는 앉아서 생각하는 것이 낫고, 그보다는 걸으면서 생각하는 것이 실수를 줄여주고, 균형 잡힌 생각을 할 수 있게 해주고, 창의력을 높여 준다고 한다. 인간은 직립보행을 할 때부터 걷기 시작했는데, 사람은 걸을 때 환경과 일체감을 느끼게 되고 깊은 사색을 통해 능동적이고 진취적인 자세로 삶을 기획할 수 있게 된다. 동서고금에서 걷기나 산책을 통해 사상을 정립하거나 학문적인 성취를 이룬 사람들이 많다.

그 중 하나가 소요학파逍遙學派다. 이들은 산책학파로 불리기도 하는데, 아리스토텔레스Aristoteles와 그 제자들을 일컫는 말이다. 아리스토텔레스는 그가 세운 학원 '리케이온Lykeion'에서 제자들과 '페리파토스Peripatos'라는 길을 걸으며 교육하고 토론했기에 소요학파라 불린다. 소요학파는 형이상학적인 사변思辨을 포기하고 자연과학이나 대중적 주제로 윤리학을 연구했는데 그러한 연구경향은 로마시대까지 영향을 주었다.

의학의 아버지 히포크라테스Hippocrates도 '걷는 것이 두뇌 회전에 가장 좋다'고 말했고, 허준은 『동의보감』에서 '누우면 죽고, 걸으면 산다'고 하면서 '약으로 몸을 보補하는 것보다 평소 음식 섭취로 몸을 보補하는 것이 더 낫고, 음식보다 걷기로 몸을 보補하는 것이 더 낫다'고 했다.

오늘도 걷는다.
걷지 않으면 생각도 멈춘다'는
루소의 말을 되새기면서, 오늘도 정처
없이 길을 떠난다.

이 외에도 많은 예가 있다. 청운의 꿈을 품고 과거 보러 가던 조선 선비들은 문경 새재를 넘으면서 인생을 기획했고, 교토학파의 중심인물인 니시다 기타로西田幾多郎는 교토대학교 근처의 긴가쿠지銀閣寺부터 난젠지南禪寺까지 이어진 2.0km의 '철학의 길'을 걸으며 자신의 철학을 정립했다. 루소J. J. Rousseau는 산책 중에 떠오른 생각을 기록해『고독한 산책자의 몽상』이란 책을 펴냈다. 철학은『순수이성비판』출판 이전과 이후가 다르다고 한다. 그 책을 쓴 칸트Immanuel Kant도 점심식사 후에는 규칙적인 산책을 통해 자신의 철학체계를 완성했다.

빅토르 위고Victor Hugo는 오후에 파리 거리를 산책하며 글의 소재를 얻었고, 시인 보들레르C. Baudelaire는 산책을 인간 존재의 조건이라고 했다. 하이델베르크에 있는 '철학자의 길'을 걸은 괴테뿐 아니라 작곡가 베토벤, 시인 랭보, 사상가 헨리 데이빗 소로우, 철학자 발터 벤야민, 헤겔, 포이어바흐, 베버, 야스퍼스, 루카치, 덴마크의 키에르케고르 등 많은 사람들이 산책이나 걷기를 하며 인생의 어려움을 헤쳐 왔고, 자신의 업적을 성취했다.

인문과 자연의 혁신적 융합을 극적으로 보여준 스티브 잡스Steven P. Jobs도 산책을 중요한 소통방법으로 생각했다. 불교에서는 걷기 명상도 중요한 참선방법이다. '행주좌와어묵동정行住坐臥語默動靜' 모두 참선 방법이 될 수 있다. 사리분별을 하지 않고 일체의 속박이나 테두리를 타파하는 것이 선禪이 추구하는 목표다. 가부좌 틀고 화두話頭를 들고 수행할 것이 아니라 걸으면서 내면에서 들려오는 자성自性에 귀 기울이는 것도 도를 닦는 좋은 방법이 아니겠는가?

'오늘도 걷는다. 걷지 않으면 생각도 멈춘다'는 루소의 말을 되새기면서, 오늘도 정처 없이 길을 떠난다.

길에서 길을 묻다

해파랑길 걷기

해파랑길 전체 개관

'해파랑길'이란 해+파랑(바다)+길의 합성어이다. 매일 새로운 기운이 충만한 해 뜨는 동해를 보며 걷는 길이란 뜻이다. 문화체육관광부와 동해를 낀 지방자치단체에서 제주도 올레길 사업의 성공에 자극받아 2009년부터 시작해 만들어 가고 있는 길이다.

해파랑길은 화랑이 수련한 길이다. 화랑들은 경주를 중심으로 남으로는 부산까지, 북으로는 금강산에 이르기까지 바다를 따라 국토를 순례하며 심신을 단련했다. 부산에서 시작해 강원도 고성 통일전망대까지 이어지는 해파랑길을 걷노라면 구간마다 신라 화랑이 남긴 진한 체취를 느낄 수 있다.

해파랑길은 도상거리 770km인데, 편의상 50코스로 나눌 수 있다(40코스로 나눌 수도 있다). 구간 분류는 지자체별로 하고, 코스 분류는 임의로 한 것이니 걷는 사람의 체력이나 걷기 습관, 계절, 기타 상황을 고려해 적절하게 조절할 수 있다. 실제 걷는 거리는 도상 거리보다

해파랑길 기점 표지판

20~30%는 더 걸어야 하므로, 900km 이상이 된다.

해파랑길을 걷기 전에 인터넷을 통해 많은 정보를 찾아 메모했지만 그 정보는 허술한 곳이 있었다. 그래서 걷기 길과 관련한 정보는 주로 스마트폰의 지도검색이나 'Tranggle'이란 앱에 의존했다. 'Tranggle'은 GPS 기능이 있어 많은 정보를 얻을 수 있게 해준 반면, 배터리 방전이 빨라서 휴대전화 사용에 제한을 받았다.

해파랑길 주변에 위치한 역사적인 장소나 흥미로운 이야기가 있는 곳은 걸어서, 혹은 탈 것을 이용하여 다녔다. 그러한 곳을 다녀오면 단조로워서 지겹게만 여겨지던 해파랑길이 갑자기 흥미진진한 길로 바뀌는 경험을 자주 했다. 울산 구간에서 박제상 유적지와 울주 반구대, 천전리 각석 지역을 다녀왔고, 경주 구간에서 감은사지와 기림사, 울진에서 남사고 유적지와 불영 계곡, 삼척에서 환선굴, 강릉에서 경포호 둘레길, 속초에서 영랑호 둘레길과 백담사, 고성의 화진포호 둘레길과 건봉사 등지를 각각 번외番外로 걸었다. 번외로 걸은 거리를 포함하면 내가 걸은 해파랑길은 1000km가 넘을 듯하다.

해파랑길 각 코스는 15km 남짓이고, 부산 이기대길이 제1코스가 되고, 강원도 고성 명파 해변에서 통일 전망대까지가 제50코스가 된다. 40코스로 나누든, 50코스로 나누든 해파랑길을 이어서 걸으려면 여러 요소를 고려해야 한다. 계속 걸으려면 체력을 안배해야 하니 하루 평균 30km 정도 걸을 수 있다. 하지만 인적 없는 곳에서 걸음을 멈출 수 없기에 야간에 걷기도 했는데 그런 경우에는 하루 40km 이상을 걸었다. 가장 큰 일이 숙식宿食을 해결하는 일이었다.

문화체육관광부와 (사)한국의 길과 문화www.tnc.or.kr에서 나눈 50코스가 다른 정보에 비해 비교적 정확하지만, 걷기습관과 계획이 다른 내게는 별 도움이 되지 않았다. 지자체 별로 만들고 있는 해파랑길 구간은 다음과 같다.

부산·기장 구간(1, 2, 3, 4코스, 70km 이상)은 대부분 갈맷길 표지를 사용하고 있었다. 해파랑길 표지는 상대적으로 드물게 보인다. 걷기 길은 비교적 잘 조성되어 있다.

울산 구간(5, 6, 7, 8, 9코스, 100km 미만)은 공단지역이기에 걷기 길 조성도 안된 상태였고, 해파랑길 표지도 많지 않았다.

경주 구간(10, 11, 12코스, 30km 이상)은 나무 데크 설치와 표지판 설치가 양호한 편이었다. 오랫동안 문화재 관리를 해 온 지자체답게 해파랑길 조성 사업에 적극 참여하고 있다는 느낌을 주었다.

포항 구간(13, 14, 15, 16, 17, 18코스, 110km 이상)은 가장 긴 구간이다. 포항제철이 산업단지라서 아직 길에 대한 문화적 이해가 부족한 느낌이었다. 그러나 포항시내를 통과하는 코스를 제외하면 경치가 좋았다.

영덕 구간(19, 20, 21, 22코스, 70km 정도)은 지자체가 일찍부터 자체적으로 '블루로드'라는 걷기 길을 조성했기에 비교적 잘 정비되어 있었다. 20, 22코스는 바닷길 걷기를 벗어나 고불봉으로 봉수산으로 산행을 하도록 되어 있었다.

울진 구간(23, 24, 25, 26, 27코스, 80km 이상)은 경치가 좋았으나 다른 지자체에 비해 해파랑길 표지도 적고 길 조성도 미흡한 상태였다.

삼척 구간(28, 29, 30, 31, 32코스, 70km 정도)은 원덕에서 정라항(삼척항)까지는 다소 낙후된 상태였다. 정라항에서 추암 해변까지는 '새천년 해안도로'가 개통되어 길이 평탄했다. 표지는 해파랑길이 아니라 '낭만가도'가 주를 이룬다.

동해 구간(33, 34코스, 30km 정도)은 경치가 뛰어나지만 삼척 구간과 비교될 정도로 해파랑길 조성이 미흡한 상태였다.

강릉 구간(35, 36, 37, 38, 39, 40코스, 90km 이상)은 길이 잘 조성되어 있으나 표지는 많지 않았다. 솔향의 도시답게 걷기 길 내내 해송이 함께 하는 구간들이다.

양양 구간(41, 42, 43, 44코스, 40km 정도)은 죽도정, 하조대, 낙산사 등의 절경이 많았고, 해파랑길 표지가 많지 않았으나 길은 비교적 양호했다.

속초 구간(45코스, 20km 미만)은 길은 잘 조성되어 있었지만, 표지는 많지 않았다.

고성 구간(46, 47, 48, 49, 50코스, 70km 미만)은 분단의 아픔을 느낄 수 있는 걷기 길이었다. 철책이나 군부대 때문에 우회하는 경우가 많았지만, 해파랑길 표지나 종합 안내판, 방향 표지판이 다수 설치되어 있었다. 명파 해변에서 통일 전망대에 이르는 제50코스(8km)는 걸을 수 없는 군사 지역이었다.

다른 코스에 비해 경치가 좋고 길 조성이 양호한 곳은 1, 12, 25, 32, 38 코스이고, 산업단지나 군부대 지역이 있어 우회해야 하거나 걷기 힘든 곳은 4, 7, 11, 16, 28, 34코스였다.

하루 걷기에 필요한 최소 경비는 50,000원 정도였다. 매식을 해야 하므로 한 끼 당 만 원으로 치면 삼만 원, 숙박은 길에 있는 찜질방을 이용하면 하룻밤에 9,000원 정도를 줘야 한다. 바닷가라서 민박이나 모텔을 이용하면 하룻밤에 5만 원 이상을 주어야 하고 샤워 후 잠만 자니 찜질방이 오히려 편리했다. 찜질방에는 해수탕이나 온천탕이 있어서 하루의 여독을 풀기에도 좋았다. 물이나 사소하게 필요한 물품을 구입하는데 만 원 정도가 필요했다. 길에서 맛집에 들르거나 특산품을 사려면 더 많은 경비가 지출될 것이다. 하루에 30km 정도를 걷는다면 해파랑길을 전부 걷는데 한 달 정도 걸리니 최소 경비는 150만 원 정도이다.

걷기에 가장 중요한 장비는 신발이다. 해파랑길 몇몇 구간은 아직도 걷기 길이 조성중이니 시멘트길이나 자갈길, 산길을 걸어야 한다. 그러므로 운동화보다는 등산화가 좋다. 땀을 잘 흡수하는 옷을 입어야 하고, 선크림, 차양모자, 선글래스 등도 꼭 챙겨야 하고, 휴대전화 충전기도 준비해야 한다. 주말에 정해진 구간을 걷는다면 별 문제가 없지만, 한꺼번에 전 구간을 모두 걸으려면 5일이나 일주일 단위로 필요한 물품을 보급해줄 친구나 가족이 있어야 한다.

해파랑길과 비슷한 거리인 스페인의 산티아고 가는 길(800km 이상)이나 캐나다의 브루스 트레일(900km)을 모두 걸으려면 40일 정도가 걸린다. 경비는 각각 천만 원 이상이 든다. 해외의 걷기 길이므로 준비해야 할 것도 많고 위험요소도 더 많다. 40일이란 긴 시간을 내어 쉽게 떠날 수 없는 것이 최대 걸림돌이다. 종교 순례길이라 할 수 있는 산티아고 길이나, 야생이 살아 숨 쉬는 브루스 트레일보다 해파랑길 걷기가 더욱 매력적인 이유가 여기에 있다.

산티아고가는 길(스페인)

로렐라이 언덕에서 본 라인강(독일)

미라보 다리(프랑스)

이왕 걷기를 시작했으니 사정이 허락한다면 부산에서 전라도 해남 땅끝마을까지 남해안길, 해남에서 경기도 김포에 이르는 서해안길도 걸어볼 작정이다. 남해안길이나 서해안길은 또 다른 매력을 줄 것이다. 길 떠난 자들은 길 위에서 길을 묻는 법이다. 걷기를 떠난다는 생각만 해도 흥분되고 행복해진다.

사랑을 하면 눈빛이 형형해지고 뱃살의 긴장감이 되살아나고, 낭만과 전율이 온 몸을 송두리째 흔들어버린다. 나는 걷기 시작하면 그런 상태가 된다. 걷기 시작하면 내 눈은 쉴 새 없이 미지의 것을 찾아 움직이고, 다리 근육이 움직일 때마다 뱃살은 긴장한다. 걸으면서 경험한 세상은 내 삶을 더욱 견고하게 하고 풍요롭게 한다.

해파랑길이나 다른 길을 걷는 모든 사람, 그리고 어려운 인생길을 걸어가는 모든 사람들을 위하여….

PART 1

부산 기장 구간

01코스
오륙도해맞이공원~미포
총거리 17.7km/소요시간 5시간 50분

02코스
미포~대변항
총거리 16.5km/소요시간 5시간 30분

03코스
대변항~임랑해변
총거리 20.2km/소요시간 6시간 30분

04코스
임랑해변~진하해변
총거리 19.7km/소요시간 6시간 40분

해파랑가게

개관 이기대에서 진하 해변까지

부산시 남구 용호동에는 해맞이 공원이 있다. SK뷰 아파트를 돌아 해맞이 공원에 가면 '오륙도 돌아가는 연락선'이 떠다니는 해파랑길 기점起點이 있다. 해파랑길의 최남단 시작점인 이곳은 부산시에서 조성한 '갈맷길'로 더 많이 알려져 있다. 기점에는 해파랑길 전체 구간을 보여주는 종합 안내판이 있고, 그 앞에는 핸드 드립 커피집이 있다. 커피 한 잔을 주문하고 커피 이야기로 주인과 말문을 틔워 본다. 커피집 주인은 바리스타 자격증이 있다고 강조하면서 갈맷길에 대해 제법 아는 체하지만 정확한 정보를 알고 있는 것처럼 보이지는 않는다.

부산을 상징하는 갈매기와 걷기 길의 합성어인 '갈맷길'은 부산시가 시민을 위해 조성한 길이다. 산, 바다, 강, 도시의 골목길을 끼고 걷는 21개 구간 총 연장 길이 263.8km에 이르는 길이다.

커피집 주인에게 해파랑길에 대해 물어보니 잘 알지 못한다고 한다. 안내판에 게시하고 있지만 그 먼 길을 다녀온 사람을 만난 적이 없어, 해파랑길 전 구간은 사람이 걸어서 갈 수 없는 거리 같다고 한다.

커피 한 잔을 들고 현묘玄妙한 바다 경치를 바라보며 부산·기장 구간을 가늠해 본다. 이기대 길을 지나 광안리 해수욕장–해운대–달맞이 고개–청사포–송정–대변항–기장 군청–일광 해변–임랑 해변–월내–고리 원자력 발전소–서생–진하 해변까지 도상거리 70km 정도이다.

도상거리圖上距離는 바닷가 자동차 길을 기준으로 측정한 거리여서

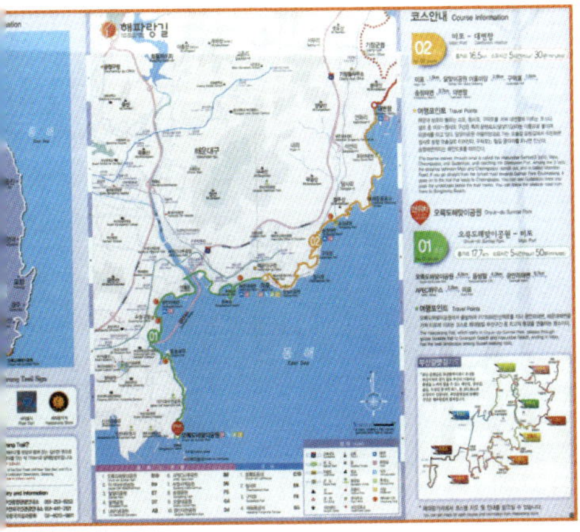

오륙도 해맞이공원 앞 해파랑길 표지판

해파랑길 각종표식

실제 걷기 길 거리로는 믿을 수 없다. 자칫 길이라도 잘못 들거나 군부대, 산업단지가 길을 가로막으면 돌아오는 길까지 2~3km를 더 걷기 예사다. 그래서 넉넉잡아 70km 이상 걷게 될 것이라 짐작하며 길을 나선다.

이기대 길은 군 주둔 지역이라서 오랫동안 일반인의 출입을 금지해 왔다. 최근에 군부대가 다른 곳으로 이전하자 이곳을 걷기 길로 조성해 전혀 오염되지 않은 아름다운 길이 생겨나게 되었다. 부산의 아름다운 걷기 길 세 곳으로, 송도 해안 볼레길, 절영 해안 산책로, 이기대 길을 꼽는데 반대할 사람이 없을 것이다. 송도 해안 볼레길은 암남 공원에서 송도 해수욕장으로 넘어오는 길이고, 절영 해안 산책로는 남항대교를 지나 영도를 돌아 태종대에 이르는 길이다.

'이기대二妓臺'는 원래 '의기대義妓臺'였다. 임진왜란 때 왜장을 안고 진주 남강에 몸을 던진 논개처럼, 왜장을 안고 바다에 빠져 죽은 두 기생을 기리는 곳이다. 부산판 논개 이야기라 할 수 있다. 의기대가 이기대

고리원자력 발전소 정문 기념비

송정해변. 해운대만큼은 번잡하지 않다.

로 된 것은 죽은 기생이 두 명이어서 그렇게 된 것으로 보이는데, 구전된 이야기라 증명할 사료가 없다. 이기대 길을 걷다 보면 자주 걸음을 멈추게 된다. 일망무제一望無際의 바다 경치나 물색에 반해 자꾸 감탄하다 보면 한꺼번에 모두 걷기가 아까워 한 걸음씩만 걷게 된다.

이기대를 지나면 광안리 해수욕장이다. 세월이 흐른 지금 지저분한 바닷가는 깨끗이 정비되었다. 어지럽게 늘어서 있던 가게들도 깨끗이 단장하고 사시사철 관광객을 맞이한다. 바다를 가로지르는 광안대교의 모습은 사람의 넋을 잃게 할 만큼 멋지다. 아름답기도 하거니와 여기에 다리를 건설하고자 한 발상 자체에 감탄이 절로 나온다. 밤바다에 비치는 두 줄기 불빛은 더욱 아름답고, 파도소리는 더욱 애절하리라.

지금은 현대식으로 단장한 민락동 상업지역을 돌아 수영만을 거슬러 올라가는 길도 멋지다. 고개 들어 멀리 부산의 자랑인 금정산의 자태와 수영만 요트장도 감상할 수 있다. 수영교와 동백섬을 지나 해운대 백사장에 들어서면 중간 지점에 현인의 노래비 '해운대 엘레지'가 있다. 현인의 노래를 흥얼거리며 걷는 정든 백사장 길은 낭만적인 분위기가 가득한 곳이어서 쉽게 옛 추억에 잠기게 된다.

해운대 끝자락에는 달맞이 고개가 있다. 달맞이 고개를 지나 청사포로 이어진 길은 낭만적이고 이국적이다. 달맞이 고개 끝자락 언덕에서 청사포로靑沙浦路를 바라보면 이렇게 멋진 경치도 있구나 하고 놀라게 된다. 청사포로를 계속 따라가면 송정으로 넘어갈 수 있는데, 송정 가는 길은 동해남부선 철둑길과 돌길을 따라가는 길이어서 흥미만점이다.

이어서 송정 해수욕장을 지나 기장 해안로에 들어서면 어쩔 수 없이 자동차 길로 우회해야 한다. 해동용궁사海東龍宮寺에 들어가면 절 뒷편에 시랑대侍郎臺가 있다. 시랑 벼슬을 하던 기장현감 권적이 바위에 시랑대라 새긴 까닭에 붙은 이름이다. 시랑대에는 용에게 기우제나 풍

오랑대(五郎臺)의 여명

어제를 지내던 제룡단祭龍壇이 있고, 미랑 스님과 용녀의 슬픈 사랑 이야기도 전해 온다.

해동용궁사 옆 국립 수산과학원 담장 길을 따라 군부대를 지나니 눈앞에 오랑대五郎臺가 나타난다. 기장에 유배 온 친구를 찾아 다섯 선비가 자주 놀던 곳이라 해서 붙인 이름이다. 앞 바다에는 용궁이 있어 굿당으로 이용된다.

이어서 도착하는 곳이 멸치의 고장 대변항이다. 대변항에서 해안길을 따라 죽성리로 들어가 기장 군청과 일광 해변을 지나 월내에 이르고, 월내에서 고리 원자력 발전소를 우회하면 서생이 된다. 서생에 이어 도착하는 진하 해변이 부산·기장 구간의 마지막이다. 70km 이상의 먼 길이다.

시작이 반이라 했으니, 벌써 해파랑길 반은 걸은 셈이다.

달맞이 고개, 문탠로드moontan road

해운대 끝자락에 있는 달맞이 고개는 낭만이 깃든 곳이다. 사랑의 맹세가 현실이 되고, 아름다운 사랑 이야기가 전설傳說이 되고, 그 전설이 달빛에 물들어 신화神話가 되는 곳이다. 그래서 붙여진 이름이 '문탠로드moontan road', 달빛에 물들며 걷는 길이다. 얼마나 낭만적인가?

달맞이 고개를 동양의 몽마르뜨라 부르는데, 말처럼 고개 주변에는 찻집, 레스토랑, 화가의 작업실이 즐비하다. 차를 타고 넘을 때는 볼 수 없는 문정희, 이기철, 서정주의 시가 눈을 즐겁게 한다. 달맞이 고개를 지나 푸른 모래사장 길인 청사포靑沙浦를 거쳐 송정 해수욕장으로 가는 바닷길은 꿈길을 걷는 듯 환상적이다.

달맞이 고개 정상에 있는 해월정海月亭 주변 찻집에서 땀을 식힐 겸해서 커피 한 잔을 한다. 커피 잔을 잡고 멋진 바다 모습을 눈에 새기며 문탠로드이니 보름밤이 오면 달맞이 걷기 여행을 다시 한번 해보리라 다짐한다. 눈 앞에 펼쳐지는 바다와 고개를 돌리면 다가오는 동백섬 주변의 경치, 광안대교의 모습이 시원하다. 이렇게 이국적이고 환상적인 곳을 왜 이제야 왔는지, 자꾸만 나의 게으름을 탓하게 된다.

평소 잊고 살았던 낭만과 감성을 자극하는 달맞이 고개가 있는 이곳은 와우산臥牛山이다. 소가 누운 형상을 하고 있어서 붙은 이름이다. 송아지가 변신한 사냥꾼 총각이 아랫마을 나물 캐는 처녀와 눈이 맞아 혼인 언약을 하게 된다. 보름달이 뜬 날 밤 두 사람은 몸과 마음을 깨끗이 하고 보름달에 소원을 빈다. 그 지극한 정성에 달이 감응感應하

달맞이 고개를 지나 청사포로 가는 길에는 커피집이 즐비하여 낭만적인 분위기를 느낄 수 있다.

달맞이길 안내판

달맞이고개 해월정 앞 도로

해월정(海月亭)

여 마침내 사람이 된 총각이 나물 캐던 처녀와 혼인하여 오랫동안 행복하게 살았다는 전설이 깃든 곳이다.

돌을 깎아 만든 여인 갈라테아Galatea를 사람이 되게 해 달라고 지극정성으로 기원해 마침내 사람이 된 갈라테아와 행복하게 살았다는 피그말리온Pygmalion 신화와 별로 다를 게 없다. 이래서 인간 감정의 원형을 신화神話라 하는가 보다. 전설과 신화를 구분하는 기준이 시간이라 하니, 달맞이 고개 전설도 오랫동안 달빛에 물들면 신화가 될 것이다. 신화란 그가 속한 공동체의 특별한 이야기로 그 속에 보편적인 사유방식을 담고 있다. 신화에는 인간의 꿈과 희망, 삶의 모습이 녹아 있다.

'태양에 바래지면 역사가 되고, 월광에 물들면 신화가 된다.' 소설가 이병주李炳注가 쓴 『산하』에서 읽은 한 구절이다. 지리산 주변에서 죽어간

2만여 빨치산의 아픔을 종횡으로 엮어간 그는 알려지지 않은 빨치산의 꿈, 희망, 사랑을 소설로 써 평소 그의 지론인 '역사는 산맥을 기록하고, 나의 문학은 골짜기를 기록한다'는 것을 보여주었다. 조정래 『태백산맥』, 이태 『남부군』의 아키타입이 된 이병주의 소설 『지리산』에는 프로메테우스의 비극, 올페우스의 슬픈 사랑 이야기, 헤라클레스의 모험이 있다.

알지 못하거나 숨어 있는, 그렇지만 아주 익숙한 이야기를 신화라 하지 않던가? 역사가 사실 이야기라면 신화는 인간의 감정, 희망, 꿈, 사랑 이야기라 할 수 있다. 정신분석학자 칼 융이 말한 것처럼 '신화란 보편적인 것이며 인간의 정신 건강에 꼭 필요하다'.

각종 문화 콘텐츠는 신화에 바탕을 두고 있다. 인간은 천성적으로 신화를 만들어 그 패턴에 따라 살아가는 존재이다. 신화는 우리 삶 속에 달빛처럼 스며들어 있다. 무수한 문학작품이 신화를 패러디한 것이다. 우리는 역사에서 배우고 신화처럼 살아가는 존재이다(우리는 『삼국사기』에서 역사적 사실을 배우지만, 『삼국유사』를 이야기하면서 살아간다). 삶의 애환이 서려 있고 흥미 가득한 신화는 삶의 나침반이 되고, 풍부한 상상력의 원천이 될 것이다.

달맞이 고개로 가라.
사랑하는 사람과 가라.
보름달이 뜨면 가라.
사랑하는 이의 손을 잡고 오랫동안 기억할 문탠을 하라.
눈 앞에 펼쳐진 아름다운 풍경 속에서 사랑을 맹세하라.
해월정에서 시작한 맹세는 청사포 지나 송정까지 이어가도록 하라.
건성건성으로 하지 말고 오랫동안 기억할 지극한 맹세를 하라.
사랑의 맹세가 전설이 되도록 하라.
사랑의 전설은 달빛에 물들어, 마침내 신화가 되리니….

해운대 엘레지와 38따라지

아침 8시에 오륙도 해맞이 공원을 출발해 한낮에 동백섬을 돌아 해운대 해수욕장에 도착했다. 모래사장에는 더운 날씨 때문인지 5월 말인데도 햇볕을 즐기러 나온 사람들이 제법 많다. 여가 시간을 즐기는 사람들의 행복한 모습을 보면서 걷는 길이 상쾌하다. 백사장 중간쯤에 이르니 '해운대 엘레지'(한산도 작사) 노래비가 있다. 온몸에 화려한 문신을 하고 백사장에서 놀고 있는 남녀는 아마도 미군들일 것이다. 한두 명씩 불안한 표정을 하고 노래비 주변을 서성이는 사람들은 외국인 노동자들이리라.

언제까지나 언제까지나 헤어지지 말자고
맹세를 하며 다짐을 하던 너와 내가 아니냐
세월이 가고 너도 또 가고 나만 혼자 외로이
그때 그 시절 그리운 시절 못 잊어 내가 운다

울던 물새도 어데로 가고 조각달도 흐르고
바다마저도 잠이 들었나 밤이 깊은 해운대
나는 가련다 떠나가련다 아픈 마음 안고서
정든 백사장 정든 동백섬 안녕히 잘 있거라

노래 가사는 실연당한 남자가 옛사랑의 추억이 깃든 정든 해운대 백사장을 떠나 새 삶을 찾고자 하는 몸부림을 보여 준다. 해방 전·후

해운대 해변의 이안눌(李安訥) 시비 '등해운대(登海雲臺)'.
해운대는 신라시대 최치원이 동백섬 쪽의 경치에 반해 자신의 호인 해운(海雲)으로 명명한데서 유래했다.

'해운대 엘레지' 노래비

해운대 해변 조형물

에 불린 가요 대부분은 슬픈 노래다. 실향의 고통, 이별, 실연 등의 정서가 밑바탕에 흐르고 있어 음조는 애절하고, 가사에는 눈물, 비, 고향, 어머니가 어김없이 들어가 있다. 노래를 듣기만 해도 슬픔의 바다에 풍덩 빠져들 것만 같다. 장명등長明燈 깜박이는 주막집에서 부르는 망향望鄕의 노래가 현인이 부른 '비 내리는 고모령'인데, 듣기만 해도 떠나온 고향과 어머니를 그리워하는 아들의 절규에 감전되어 버린다.

'해운대 엘레지'도 그러하다. 노래비에 적힌 손인호는 얼굴 없는 가수, 소위 '38따라지' 가수이다.

화투놀이의 '도리짓고 땡'에서 최고 낮은 끗수인 한 끗 따라지의 대명사가 38따라지다. 한 끗이 될 수 있는 경우의 수는 29, 38, 47, 56인데 38이 따라지의 대명사가 된 것은 38광땡과 관련이 있을 것이다. 38광땡은 장땡보다 높아 판돈을 싹쓸이할 수 있다. 또 해방 후 38선으로 분단된 시대 상황을 반영한 것일 수도 있다. 만주나 이북에서 혈혈단신孑孑單身 월남한 38따라지들은 비참한 생활을 했지만, 강한 생활력과 높은 교육열로 금방 사회 주류로 편입했기에 그 말은 자취를 감추었다. 그러나 지금도 한심한 처지의 사람을 보면 '38따라지 인생'이라 말한다.

서울 영락 교회, 충현 교회, 부산 영도의 남성 교회, 강원도 속초 아바이 마을 등이 이북 실향민들이 모여 서로 아픈 마음을 보듬어주던 곳이다. '해운대 엘레지'는 이런 38따라지의 애환이나 실연당한 남자의 애절한 심리 상태를 대변하는 슬픔의 노래다. 손인호가 부른 '비 내리는 호남선'의 가락은 또 얼마나 구성진가?

지금 탈북자(새터민)나 다문화 가정, 외국인 노동자 같은 사회 소외계층이 즐겨 부르는 노래는 무엇일까? 생각해 봐도 떠오르는 노래가 별로 없다. 또 다른 고통을 겪으며 살아가는 그들도 38따라지들처럼 사회 주류로 자리 잡을 수 있을까?

시원한 해운대 백사장 한 켠에 서 있는 노래비 앞에서 옛 생각에 잠긴다. 그리고 30년 넘게 식당을 하고 있는 복어집에서 점심을 먹었다. 소외당하고 있는 외국인 노동자나 탈북자들을 떠올리며 '해운대 엘레지'를 흥얼거려 본다.

뻐꾸기 우는 사연

멸치의 계절이 되면 대변항에는 멸치가 지천으로 깔린다. 플라스틱 삽으로 멸치를 쓸어 담아 소금을 붓고, 생멸치를 다듬고, 가자미를 손질해 말리는 아낙네의 분주한 손길을 보면서 여기저기 돌아다녔다.

'지상에 있을 때 시 쓴 공로가 있어 천상병千祥炳은 하늘로 돌아갔으니 나도 하늘에 갈 수는 있을 것이다. 그러나 하늘에 있을 이유가 없다'던 이생진李生珍은 '그리운 바다 성산포'에서 사람은 슬픔을 만들고, 바다는 그 슬픔을 삼킨다 했다. 해삼 한 토막에 소주 두 잔을 먹고 등대 밑에서 코를 골았던 시인처럼 주저앉지 말고 길을 나서야 한다.

대변항을 벗어나 기장 해안도로를 따라 한참을 가니 두모포 풍어제 터가 나오고 암행어사 이도재를 기리는 어사암이 나온다. 안내판에서 어사암에 얽힌 이야기를 읽어본다. 기생 월매와 어사 이도재에 대해 궁금해 하면서 두호 마을회관을 지나 죽성로를 따라 기장 군청으로 향한다. 이제부터는 바닷가를 벗어나 내륙도로를 따라 일광 해수욕장까지 걸어야 한다.

기장 군청 가는 길에 접어들자 양옆으로 우거진 숲길이 가슴에 와 안긴다. 초여름 숲은 달려와 가슴에 안긴다는 말이 실감난다. 시시각각 변하는 푸른색은 달려온다는 말로도 부족하다는 생각이 든다. 옅은 연두색에서 시작한 숲은 나날이 푸르러 아카시아꽃 필 때면 푸르러지는 속도가 점점 빨라져 장마철이 되면 짙은 색이 최고조에 이른다. 우거진 숲속에는 늦은 아카시아꽃, 찔레꽃 향기가 요란한 뻐꾸기 소리와 어우러져 귀와 코를 즐겁게 한다.

멸치 삶는 모습. 대변항에는 멸치철이 되면 파시(波市)가 열린다.

기장체육관. 군청을 지나면 도착하는데, 군 단위 체육관으로는 규모가 웅장하다.

죽성리 두모포 풍어제 터

일광해수욕장

뻐꾸기는 두견새과의 새로 수놈은 뻐꾹뻐꾹 암놈은 삐삐삐 운다. 뻐꾸기는 심성 사나운 시어미에게 억울한 죽음을 당한 며느리, 혹은 마음씨 고약한 계모에게 죽은 딸의 원통한 넋이 변한 것이란 전설이 있다. 봄이 끝나갈 무렵부터 낮에 우는 것은 뻐꾸기고, 밤에 우는 새는 소쩍새다.

'솥 적다'고 우는 소쩍새, 망자를 위한 진혼곡처럼 우는 뻐꾸기는 여름새다. 이 새들은 둥지를 틀지 않고 까치나 종달새, 휘파람새의 둥지에 알을 낳고, 그들의 힘을 빌려 부화하기에 탁란성 조류託卵性鳥類라 한다. 또한 배은망덕背恩忘德한 새라 부르기도 한다. 이놈들은 부화하면 둥지에 있는 다른 알과 새끼를 밖으로 밀어내어 둥지를 독차지한다. 새끼 뻐꾸기는 남의 어미에게 먹이를 받아먹고 자라다가 20일쯤 지나면 부화한 둥지를 떠난다. 남의 둥지를 차지해 텃새를 몰아내고, 자라서는 둥지를 떠나가는 모습은 정치 철새의 모습을 연상케 한다.

뻐꾸기의 생태에 관해 생각하면서 걷다 보니 어느새 으리으리한 규모의 기장 군청을 지나 기장 체육관에 도착한다. 군청의 규모에 놀랐는데 체육관 규모에 다시 한 번 더 놀란다. 기장 여기저기에 건설되는 도로나 각종 공사의 규모가 예사롭지 않다. 세수稅收가 많은가 보다. '새벽을 여는 기장 사람들'이란 말처럼 기장 사람들은 새벽부터 미역을 따고 장어를 잡아 많은 세금을 납부하는 모양이다. 올림픽을 치러도 남을 체육관 규모에 놀라 한참동안 체육관 건물 주위를 돌아본다.

일광 해수욕장으로 가야 하지만 한낮의 더위가 예사롭지 않다. 그늘 좋은 체육관 벤치에 앉아 잠시 게으름을 부린다. 아련한 진혼곡鎭魂曲처럼 먼 산에서 뻐꾸기가 슬피 울고 있었다.

PART 2

울산 구간

05코스

진하해변~덕하역

총거리 **18**km/소요시간 **6**시간 **10**분

—

06코스

덕하역~태화강전망대

총거리 **15.7**km/소요시간 **6**시간 **40**분

—

07코스

태화강전망대~성내삼거리

총거리 **18.3**km/소요시간 **5**시간 **50**분

—

08코스

성내삼거리~일산해변

총거리 **11.7**km/소요시간 **5**시간 **20**분

—

09코스

일산해변~정자항

총거리 **19.1**km/소요시간 **6**시간 **40**분

—

해파랑가게

개관 신화神話의 땅, 울산

프랑스 사회학자 브르통은 『걷기 예찬』에서 다음과 같이 말한다. '길은 도서관이다. 사물의 이야기를 들려주는 도서관이다. 표지판, 폐허, 기념물 등이 베풀어주는 집단적인 기억을 간직한 도서관이다.'

길을 걷다가 어느 지점에 이르면 마치 도서관에 온 것과 같이 엄숙해지고, 박물관에 들어온 것처럼 진지해지는 곳이 있다. 길에서는 '집단의 기억'을 분명히 느낄 수 있다. 태고 적부터 이어져 온 지형이나 자연환경, 수만 년 전에 새긴 암각화, 돌에 새긴 명문銘文, 여기저기서 살아가는 사람들의 살림살이 등을 둘러보면 어느 하나 소홀해서도 안 되고, 그 모두를 가슴 깊이 간직해야 한다는 생각이 든다.

해파랑길 울산 구간은 100km 정도의 먼 길로, 신화가 숨 쉬는 구간이다. 영남 알프스에서 흘러내린 물이 동쪽으로 흘러 태화강이 되고, 태화강 상류 대곡리 반구대 벽화 앞에 서면 옛날 우리 조상의 숨결이 느껴진다. 태화강 선바위立巖에는 미모의 처녀와 스님의 이야기가 살아 숨 쉬고, 십리 대밭의 풍경이 가슴을 시원하게 쓰다듬어 준다. 장생포항 고래 박물관에는 아직도 신화 속의 고래가 유유히 헤엄쳐 다니고 그 신화는 멀리 야음동 신화 마을 담벼락에서 다시 살아난다.

울주군 대곡리 반구대는 수 많은 물고기와 짐승의 형상을 바위에 새겨 다산과 풍요를 기원하고 있다. 천전리 암각화에는 원명原銘과 추명追銘이 새겨져 있어서, 사부지 갈문왕을 사랑한 지몰시혜비의 애틋한 사랑 이야기가 개울물 소리에 섞여 흐른다.

대왕암에서 바라본 울기등대. '대왕암 공원'은 문무왕비가 화장 후 수장된 곳이다.

울주군에서 2000년 건립한 간절곶 표지석

울주군 언양읍 대곡리에 있는 반구대(盤龜臺). 고래, 사슴, 호랑이 등이 새겨진 암각화로서 울산여행을 하면 반드시 가야 할 명소이다. 진입로가 아름답다.

울주군 언양읍 천전리 각석. 사부지 갈문왕과 지몰시혜비의 사랑 이야기가 새겨져 있다. 하나의 바위에 원명(原銘)과 추명(追銘)이 있고, 각석 앞 냇가에는 공룡 발자국이 있다.

진하해변, 명선도의 아름다운 일출

강동·주전의 해안 자갈밭에는 주상절리와 몽돌자갈이 천 겁 세월에 씻겨 매끈한 모습을 보여주고, 볼모로 잡혀간 내물왕의 아들 미사흔未斯欣을 구하러 일본에 가서 불에 타 죽은 박제상을 기다리다 돌이 된 아내와 딸의 애절한 마음이 정자항의 파도소리가 되어 들리는 듯하다.

대왕암 공원의 문무대왕비 호국룡護國龍은 송림의 소나무 껍질에서 용린龍鱗이 되어 살아나고, 개운포에는 처용 전설이 해무海霧가 되어 온몸을 감싼다.

'천 겁 세월이 흘러도 오랜 옛날이 아니요, 만 년 세월이 흘러도 항상 지금(역천겁이불고 긍만세이장금歷千劫而不古 亘萬歲而長今 - 해인사 주련)'이라 했으니 생각해 보면 그리 오래된 이야기도 아니다. 신라 시대라 해도 천 년 세월이 지났고, 반구대 벽화 시대라 해도 겨우 만 년이 지났을 뿐이다. 수억 년의 세월이 느껴지는 울산에서는 천 년이나 만 년도 수유須臾에 지나지 않는다. 온산 화학공단에서 흘러들던 오염수, 조선소造船所의 망치소리가 요란하게 경제발전을 견인하던 시절도 아슴푸레한 신화가 되는 곳이 울산이다.

울주군 서생면에 있는 간절곶은 어떠한가? 포항 호미곶보다 1분 빨리, 강릉 정동진보다 7분 빨리 해가 뜨는 곳이다. 간절곶에 해가 떠야 한반도에 아침이 온다艮絶旭肇早半島는 말이 있다. 이곳에 해가 뜨지 않으면, 한반도의 아침은 없는 것이다. 그래서 간절곶에는 등대뿐만 아니라 커다란 소망 우체국을 설치하여 아침마다, 새해마다 소망과 염원을 담아 각 가정에 우편엽서를 배달하고 있다. 간절곶 등대에 서서 바다를 보며 소원을 빌고, 그리운 사람에게 엽서를 쓰고, 박제상의 부인과 딸을 추념追念하며 걷는 길은 엄숙, 진지할 수밖에 없다.

무룡산 솔마루길에서 바라보는 울산 공단의 야경이나, 봄날 작괘천 주변의 벚꽃, 내원사 도통골에 흐르는 시원한 계곡물, 멀리 신불산 억새평원과 파래소 폭포, 가지산 경치를 즐길 수 있는 곳이 바로 울산이다.

개운포 처용암開雲浦 處容巖

입으로 마시는 술은 머리를 아프게 하고 잠이 오게 하지만, 눈으로 마시는 사랑은 영혼이 풍요로워지게 한다. 하지만 사랑하면 할수록 마음이 아파오고 잠도 없어진다. 술잔은 둘 사이의 허물을 없애주지만, 사랑은 둘 사이에 그리움이 더욱 쌓이게 한다.

사랑은 소유하는 것이 아니라 나누고 이해하는 것이다. 사랑은 삶의 애환을 함께 나누고, 계획한 미래로 함께 나아가는 것이다. 그런데 마음속으로 사랑하면서, 몸은 다른 사람과 관계하는 사랑을 생각해 본 적이 있는가? 서로 사랑하면서 몸은 다른 파트너를 찾아다닌다는 게 가능한가?

히트곡 하나 없이 남의 노래를 부르며 환갑을 훌쩍 넘긴 조영남은 두 옥타브를 넘나드는 시원한 목청을 가진 가수이다. 그의 목소리는 언제 들어도 기분이 좋아진다. 조영남이 왕년에 미국 가수 탐 존스의 노래를 개사한 '딜라일라'를 불렀다.

밤 깊은 골목길 그대 창문 앞 지날 때
창문에 비치는 희미한 두 그림자
그대는 내 여인 날 두고 누구와 사랑을 속삭이나

가사 내용으로 미루어 보면, 창문에 비친 그녀는 분명 남자를 기만하고 있다. 사랑하는 사람을 두고 다른 남자와 사랑을 속삭인다. 몸 따로 마음 따로다. 물 건너간 사랑이라 할 수 있다. 이때 창밖에 선 남

처용암 전경

개운포에 세워진 처용가비. 울산문화원에서 1985년 건립하였다.

자가 느끼는 감정은 당연히 비탄, 허탈, 좌절이 될 것이다. 조금 위로가 될 말을 하자면, 탐 존스가 부른 원래의 가사에는 'She was my woman'이라 되어 있다는 것이다. 'is'가 아니라 'was'이니 과거 애인이었다는 말이다. 그 여자에게 다른 남자가 생겼다는 말이다.

떠나간 여자 주변을 서성이는 남자의 모습이 불안하다. 과거 남자인데도 가사에는 '복수에 불타는 마음만 가득 차서' 불 꺼진 창을 떠나간다. 여자의 집을 떠나 돌아서는 남자의 심정을 헤아리면, 남자는 복수의 화신이 되어 무슨 일을 저지를 것 같다. 불안하다.

그러나 처용은 어떠한가? 1,200년 전 신라 시대로 거슬러 올라 가보자. 신라 헌강왕이 개운포에 쉬고 있을 때 갑자기 운무雲霧가 심해 지척을 분간할 수 없게 되었다. 자연의 조화에 놀라 점을 쳐 보니 동해 용왕이 조화를 부린 탓이란다. 용왕을 위무慰撫하기 위해 망해사望海寺를 짓도록 명하자 운무가 걷혀 다시 세상이 밝아졌다. 운무가 걷혔으니 그야말로 개운開雲 아닌가? 운무가 사라지자 용왕이 아들 7명과 함께 나타나 헌강왕에게 절을 지어줘 고맙다고 인사했다. 헌강왕은 용왕의 아들 중에서 처용을 경주에 데려와 나랏일을 돕게 했다. 그리고 처용을 왕궁의 예쁜 여자와 결혼시켰다. 역신疫神은 처용의 아내가 너무나 예뻐서 그가 출타한 틈을 타서 부인을 겁탈하게 된다. 밤 늦게 외출에서 돌아와 부인의 겁탈 장면을 목격한 처용의 반응은 다음과 같다.

경주 달 밝은 밤에
밤 늦도록 노닐다가
들어와 자리보니
다리가 넷이구나
둘은 내 아내의 것인데

둘은 누구의 것인가
본래 내 것이다 만은
빼앗긴 것을 어찌 하겠는가

역신에게 아내를 빼앗기고 '어찌 하겠는가?'라고 자조하며 춤추는 처용이 불쌍하다. 아내의 불륜현장을 목격했을 때는 즉석에서 두 사람 모두 죽여도 된다는 것이 조선 시대의 법률이었다. 그러나 신라인들의 성모랄은 이와 달랐다. 신라뿐 아니라 고구려와 백제 그리고 고려 사람들까지 지금과 사뭇 다른 성모랄을 가지고 있었다. 『화랑세기』의 발견으로 알려진 색공녀色貢女 미실 이야기나 마복자摩腹子 법흥왕 이야기, 근친상간이라 할 수 있는 진성 여왕과 각간 위홍의 사랑 이야기, 탑돌이 중에 만난 남녀가 자연스럽게 야합野合하는 이야기 등에서 신라인들의 성풍속이 지금과 많이 다름을 알 수 있다.

풍속이 그렇다 해도 아내가 겁탈당하고 있는 현장에서, "빼앗긴 것을 어찌하겠는가?"라고 말하는 처용의 모습은 보는 사람을 착잡하게 만든다. 한 마디로 바보, 멍청이 같은 처용이다. 딜라일라의 남자처럼 복수에 불타는 마음은 아니더라도 뭔가 달리 말해야만 했다.

이야기는 계속된다. 역신은 겁탈을 용서해주는 하해河海와 같이 넓은 마음의 처용에게 감복한다. 그래서 무릎을 꿇고 사죄하면서 처용의 형상이 그려진 곳에는 출입하지 않겠다고 맹세한다. 이때부터 처용이 벽사진경辟邪進慶의 부적이 된 것이다.

민속학자들은 처용을 무속의식과 연관된 선신善神이 악신惡神을 구축하는 설화라고 한다. 망해사望海寺의 창건 설화라고도 한다. 역사학자들은 신라 말 왕권이 약화되고 지방호족세력의 힘이 강화된 상황에서 왕이 처용을 등용한 것은 울산 지역의 유력한 지방호족세력을 포섭, 견제한 것이라 본다.

그러나 나는 처용이 이슬람 상인이라 믿고 있다. 당시 개운포開雲浦는 국제무역항이었다. 처용의 외모나 행동도 외국인의 그것에 가깝다. 신라 후기 문헌에는 인도, 아랍과 무역이 활발했다는 기록이 있다. 이슬람에서 만든 유리구슬이 신라인들의 무덤에서 부장품으로 출토되기도 한다. 신라인 혜초慧超는 인도방문기 『왕오천축국전往五天竺國傳』을 썼다. 장보고張保皐는 남해와 서해뿐만 아니라 동남아 해상무역을 장악했다. 고구려 유민 고선지高仙芝는 파미르 고원을 넘어 수차례 타클라마칸 사막 너머까지 원정했다. 그러니 개운포는 경주로 들어오는 국제무역항이고, 괴상한 모습의 처용은 이슬람 상인이라 주장하는 것이다. 국문학자나 역사학자들도 그렇다고 한다. 이슬람 문화권의 자유분방한 성풍조를 생각해보면 처용의 태도를 이해할 법도 하다. 그러나 여전히 찜찜하다. 아무리 당시의 세태가 그러했고, 남녀가 동등하게 자유분방했다지만….

개운포 처용암을 안내하는 정자에 앉아 조영남의 딜라일라를 떠올린다. 온산공단이나 현대 미포조선에서 솟아오르는 흰 연기를 바라보며 백제 여인의 정조를 지킨 도미都彌의 아내, '단심가'나 '심청전'의 원형이 된 구슬아씨 한주韓珠, 서동왕자를 사랑한 선화공주善花公主, 밀양부사의 딸 아랑阿娘을 생각한다. 생각은 꼬리에 꼬리를 물고 동서고금을 오간다.

'기다리지 않아도 오고 기다림마저 잃었을 때에도 봄은 온다'던 이성부의 시 '백제百濟'(『우리들의 양식』 민음사)가 생각난다. 어떤 제왕도 죽은 농부 아내의 옷을 갈아입히지는 못했다지 아마?

반도 서남쪽 사람들은
언제나 마음을 대지 위에 세우고도

그 몸은 서지 못한다
지리산 깊은 골짜기의
농부 한 사람의 죽음으로도
세계가 자기 몸에 피 적시는 까닭이 여기 있다

어떤 제왕도
죽은 농부의 아내를 꺾을 수는 없다
삼베 찌든 몰골로
유복자를 기르고, 이마의 땀을 닦고
섞이는 눈물
코 풀고 손등으로 닦아 내지만

어떤 제왕도
이 농부의 아내를 옷갈아 입히지는 못한다
유복자가 자라 다시 아비의 밭을 일구고
아비의 손때 묻은 쇠스랑, 도끼, 곡괭이
따위를 힘겹게 매만져도
결코 떠나 살게하진 못한다(하략)

고래의 꿈

예견은 했었다. 해파랑길 전체 구간 중에서 울산 구간이 가장 지겹고 힘든 길임을. 이십 년 전에 와 본 석유화학 공업단지인 온산의 시커먼 연기, 거품 부글거리는 태화강 주변을 떠올리며 낮인데도 감당키 어려울 만큼 극성스러운 모기의 공격을 걱정했다. 진하 해수욕장 앞에 떠 있는 예쁜 섬 명선도를 본다는 가슴 설렘도 걱정을 덜어줄 수 없었다. '간절곶에 해가 떠야 한반도에 아침이 온다'는 희망의 땅 간절곶을 찾아가는 길도, 처용아비의 전설이 깃든 개운포 처용암도 공단을 통과해야 한다는 중압감을 이길 수 없었다.

일주일 전에 장마가 시작되었다는 일기예보가 있었다. 마른장마라 하지만 새벽부터 무겁게 짓누르는 구름의 무게에 신음하며 임랑 해수욕장을 둘러보고, 고리 원자력 발전소에서 시작한 울산 구간 걷기 길은 저녁이 되어 기점에서 40km 떨어진 장생포항 고래 박물관에서 끝났다. 진하 해수욕장에서 우봉항으로 가는 길이 많이 정비되었다. 명선교가 놓여 길을 단축해 주었고, 명선교에서 내려다보는 바다전망이 좋다. 우봉항 입구에 들어서자 조선소 굉음이 귓전을 때린다. 토요일인데도 공장은 쉴 줄을 모른다.

우봉항을 우회하여 개운포 처용암에서 잠시 생각에 잠겼다가, 마침내 장생포항에 도착했다. 공단 지역의 시끄러운 소음과 매캐한 연기, 정비되지 않은 보행로에 투덜대며 어렵게 도착한 길이다. 그러나 장생포 오는 길의 모습은 이십 년 전과는 많이 달라졌다. 매연은 그리 심하지 않았고, 태화강도 일급수가 되어 온갖 물고기가 살고 있었다. 낮에도 덤비던 공포의 모기떼도 없었다. 괄목상대, 천지개벽, 상전벽해, 무는 말로도 모자랄 만큼 울산은 변했다. 아마도 울산시와 시민, 공단 입주 기업이 함께 힘들게 노력한 결과일 것이다.

세월이 흐를수록 환경보존의 중요성은 커지고 있다. 이상하게 들리겠지만, 슬로푸드 운동이나 느림의 미학을 생활화하여 '다 함께 못사는 삶'을 살아야 한다. 에른스트 슈마허E. Schumacher가 말하듯 '자발적인 가난'을 선택해야 할 때가 온 것이다. '작은 것이 아름다운' 세상이 된 것이다. 빠른 운송이나 통신이 자유의 새로운 지평을 열어주지 못하고 있음이 분명하고, 우리를 더욱 행복하게 만들지도 못했다.

장생포는 이십여 년 전만 해도 고래잡이 전진기지였다. 1986년 국제협약에 따라 고래잡이를 금지하자 울산시는 장생포에 고래박물관을 건립하게 되었고 지금은 꽤 성공한 관광명소가 되었다. 그러나 지금도 박물관 주변에 고래 고기를 파는 음식점 몇몇이 장생포의 옛 명성을 이어가고 있다.

우리 민족은 석기 시대부터 고래잡이를 했다는 기록이 있다. 신석기 시대 말기에 그린 것으로 추정되는 울주군 대곡리 반구대 암각화에는 무려 58마리의 고래 그림이 있다. 신라 시대에는 동해를 '고래의 바다', 즉 경해鯨海라 불렀다. 동해는 고래의 천국이었다. 쓰시마 난류와 북한 한류가 만나는 동해는 어종이 다양해 고래 먹이가 풍부했다. 먹이가 풍부한 동해에 고래가 모여든 것이다.

고래 고기는 식용으로 사용되었고, 고래 기름은 연기가 나지 않는 연료나 양초의 원료로, 식용유나 각종 기계의 윤활유로 사용되기도 했다. 진시황 무덤의 불을 밝힌 것이나 우주선에 사용하는 유일한 기름도 고래 기름이다. 고래 힘줄은 질겨서 낚시줄로 사용하기도 했다.

안정적이고 예측 가능한 목축에 비해 고래를 잡는 포경捕鯨은 예측 불가능하고 위험천만한 식량 획득 방법이었다. 지구상에 출현한 생명

장생포항 국립수산과학원 고래연구소

간절곶에 세워진 반구대 고래 암각화 모형

고래박물관의 고래조형물

장생포항 고래박물관 앞에 있는 고래조형물

체 중에서 가장 큰 덩치를 가진 고래를 잡으려면 위험을 감수해야 했다. 그러나 식량이 부족했던 당시 사람들에게 포경은 불가피한 선택이었다.

포경의 역사는 남획濫獲의 역사다. 지금 고래는 멸종 위기에 내몰리고 있다. 오랜 역사를 가진 노르웨이나 러시아, 영국의 포경 방법은 무자비했다. 미국 역시 19세기 중엽 석유를 발견하기 전까지 채유시설을 갖춘 포경선을 동원해 세계 도처의 바다에서 고래를 마구잡이로 잡았다. 미국이 자국 영토로 편입한 하와이도 포경선 연료공급 기지였다. 일본은 환경단체나 국제포경 규제조약의 반대에도 불구하고, 고래 고기를 식용으로 인정해 줄 것을 요구하고 있다. 고래를 연구하고 보호한다면서 매년 1,000마리 이상 고래를 잡는 일본도 얄밉고, 멸종위기의 고래도 걱정이 된다.

바다는 위험과 매력이 함께 한다. 접근하여 무엇을 이루고자 하면 쉽게 자신을 허락하지 않는 일종의 옴므파탈Homme fatale이다. 나는 바다 앞에 서면 고래를 생각한다. 꿈이 가득한 넓은 바다를 유영하는 고래의 자유가 항상 부럽다. 미지의 세계로 유유히 헤엄쳐 나아가는 고래를 떠올리면 괜히 가슴이 두근거린다. 바다에서 자유롭게 노니는 고래는 세속에 얽힌 나의 상상력을 자극하고 해방한다. 그 거대한 자유를 생각하면 내 몸은 마치 감전된 것처럼 굳어버린다.

고래가 등장하는 영화나 자연의 신비한 다큐멘터리를 보노라면 나는 반쯤 넋이 나간 상태가 된다. 고래가 여행하는 저 바다의 지도를 그리면 어떤 모습이 될까? 변화무쌍하고 예측 불허인 거친 바다에서 살아가는 고래의 행로를 알게 되면 방황하는 사람들의 인생행로를 밝힐 수 있으리라. 청량한 바람이 쉴 새 없이 불어오는 바다, 꿈과 희망이 가득한 바다를 천천히 가로지르는 고래의 모습은 상상만 해도 즐겁다.

허먼 멜빌Herman Melville의 『모비딕(白鯨, Moby Dick)』은 해양소설에서 독보적인 위치를 차지하고 있다. 포경선장 에이합Ahab이 거대한 흰 고래 모비딕을 잡고자 하는 집념을 그린 소설 『모비딕』의 화자는 선원 이슈미얼이다(이슈미얼은 『성경』의 창세기에 나오는 아브라함과 하갈의 아들, 이스마엘의 다른 이름이다). 방랑객의 모습으로 등장하는 이슈미얼은 멜빌의 아바타가 되어 그의 바다 체험을 대신 전하고 있다. 멜빌은 이슈미얼을 통해 고래의 종류와 해부학적 구조, 생태, 고래의 용도, 포경 장비, 고래기름 정제과정 등을 자세하고 정확하게 묘사하고 있으며 고래에 얽힌 전설까지 소개하고 있다. 사실과 허구를 섞어가며 철학적인 명상과 시적 환상, 기독교적인 신앙과 이교적인 신화를 종횡으로 엮어가는 『모비딕』은 거대한 흰 고래에게 다리 하나를 잃은 에이합이 복수의 화신이 되어 바다를 헤매다가 모비딕과 대결해 죽게 된다는 이야기이다. 이슈미얼의 마지막 한탄조의 말이 인상적이다. '나는 고래를 모른다. 영원히 알 수 없을 것이다.' 『모비딕』의 고래는 깊이를 알 수 없는 우주, 혹은 친근해 보이지만 사실은 치명적인 자연을 상징한다. 이유 없이 태어나 자신의 삶을 선택하고 때가 되면 죽어야 하는 인간의 모습과는 달리 고래는 초자연적이면서 초월적인 모습을 보여준다.

그러나 지금 고래의 모습은 어떠한가. 인간에게 내몰려 멸종위기에 처해 있지 않은가. 고래에게 가장 큰 위협은 바다가 아니라 인간인 것이다.

고래는 인간이 자연과 소통하게 하기 위해 신이 보낸 동물이라 한다. 고래는 서로 다양한 음성언어로 소통하고, 학습한 것을 후대에 전달할 정도로 두뇌가 발달했다. 인간을 제외하고 자살을 하는 유일한 동물이 바로 고래다. 극심한 스트레스에 따른 고래의 집단자살을 '스트랜딩stranding'이라 한다. 스트랜딩이 종족보존을 위한 자기희생이든, 바다 오염 때문이든, 먹이고갈 때문이든 혹은 동료들 간의 소통장애 때문이든 그 책임은 모두 인간이 져야 한다. 인간이 만든 기계소음 때문에 친구나 가족과 교신이 단절된 상태에서 고래가 받는 고독감을 상상해보라. 고독을 견디지 못해 집단으로 죽어가는 고래의 모습을 상상해보라. 얼마나 기막힌 현실인가.

고래가 주는 기름은 세상의 어둠을 밝힌다.
고래의 꿈은 자유와 해방의 꿈이다.
거침없이 저 넓은 바다를 유영하는 끝없는 모험.
고래의 꿈은 인간의 꿈이다.

해파랑길에서 최고 힘들다는 울산 구간의 공단 지역을 통과했다. 피곤하다. 빨리 숙소를 정해 몸을 눕혀야겠다. 오늘밤에는 장생포항에서, 단 한 번도 패배하지 않았던 고래를 떠올리며 '고래의 꿈'을 꿔야겠다.

정자항에서

울산 정자동 역시 분당이나 수원의 정자동처럼 마을 앞 어딘가에 정자가 있었다. 그러나 지금 그 정자는 사라지고 이름만 남아 있다. 울산 정자동이 유명한 것은 아마도 신라 충신 박제상 때문일 것이다. 정자동 뒤편 울주군 두동면에는 박제상 유적지가 있다. 박제상 비석이 정자항 뒷산에 세워져 있어 정자가 유서 깊은 항구임을 알 수 있다(명문에는 '新羅忠信 朴堤上公 使倭時發船處'라 새겨져 있다). 박제상은 정자항(정자항의 옛 지명은 栗浦 또는 柳浦였다)에서 배를 타고 왕의 동생 미사흔을 구하러 왜로 떠났다. 지아비를 기다리던 지어미는 망부석이 되었다. 이곳 율포栗浦에서 박제상이 왜로 떠났으니 지어미와 두 딸은 치술령 넘어 여기 정자항에서 지아비와 아비를 기다리다 망부석이 되었으리라.

정자는 옛부터 가자미, 문어, 대게로 유명하다. 오래 전 친구들과 정자항이 내려다보이는 민박집에서 모임을 하게 되었는데, 울산 사는 친구가 정자 명물이라며 머리통만한 문어를 구해 왔다. 문어발이 사람 팔뚝 굵기였다. 문어 크기에 놀란 친구들이 모여 이렇게 큰 문어를 먹어도 되는지, 또 일박 이일 동안 다 먹을 수 있을지 걱정했다. 알맞게 데친 문어를, 마당 중앙에 보조 기둥을 세우고 빨래 줄에 매달아 두었다. 그리고 그 큰 문어를 한나절 만에 술안주 삼아 모두 먹어치웠다. 친구들 모두 자신의 식욕에 놀라면서, 원시적으로 먹는 방법에 즐거워했다. 그 외에도 가자미 미역국에 곁들여 가자미구이, 가자미회를 얼마나 많이 먹었던지, 민박집 주인도 놀랐고….

또 한 번은 초겨울이라 기억하는데, 지인의 혼사로 울산에 왔다가

시간 여유가 있어 정자에서 대게를 먹었다. 대게 몸통에 김과 김치를 넣고 참기름 몇 방울 뿌려 밥을 비벼 먹은 기억이 생생하다. 대게를 생각하면 지금도 입안에 침이 고인다. 추억은 모두 아름답기 마련이다.

내 식성은 중국인의 입맛에 가깝다. 중국인은 못 먹는 것이 세 가지 있다고 한다. 네 발 달린 책상, 두 발 달린 사람, 날아다니는 비행기이다. 나는 빨래 삶은 것과 소여물 삶은 것도 못 먹으니, 못 먹는 음식이 다섯 가지다. 그러면 내 식성은 중국인보다 까다롭다 해야 하나?

내가 좋아하는 음식 중 하나가 초겨울이면 알이 꽉 찬 가자미 서너 마리를 냄비 바닥에 깔아 끓인 미역국이다. 들깨 가루를 듬뿍 넣고 새우젓으로 간을 한 가자미 미역국이 있다면 반경 100km 이내에는 먹으러 간다. 또 겨울이 되면 먹고 싶어 목젖이 늘어지는 음식이 가자미 식해食醢다. 가자미 식해가 먹고 싶을 때는 제일 먼저 정자항을 떠올린다.

원래 가자미 식해에는 참가자미를 사용해야 한다. 그러나 요사이는 예전과 달리 물가자미로 식해를 담는 까닭에 뼈 채 씹는 맛이 없어졌다. 봄이면 마름모꼴로 생긴 가자미인 도다리를 쑥과 함께 끓여먹는 '도다리 쑥국' 또한 정자항이 지닌 잊을 수 없는 맛이다. 여름이면 가자미회가 더위에 잃어버린 입맛을 돋우고 원기를 회복케 한다. 가을이 깊어 가면 돌가자미(이시가리) 맛도 잊을 수 없다. 돌 가자미 '쎄코시'는 뼈 채 넓고 두껍게 썰어 막장에 찍어 먹는데, 육질이 단단해 씹는 맛이 좋은, 고급으로 치는 회다. 껍질이 상어처럼 거칠고 몸에 줄이 있는 줄가자미, 혹은 상어가자미(사메가리)나, 배에 호랑이처럼 검은 반점이 있는 범가자미(호시가리)도 고급 횟감이다. 이 중에서 최고로 꼽는 것은 온몸이 노란색인 노랑 가자미인데, 개체수가 줄어들어 잡히는 경우가 드물다.

부산에 놀러 가면 의사 조모와 이시가리를 안주삼아 자주 술잔을 기울였다. 생선회나 각종 해산물의 특성에 대해 이야기해 주던 친구 덕

정자항(신라시대에는 유포 또는 율포라고 불렀다.)

정자항에 어둠이 내리고 있다.

가자미 말리는 모습

분에 가을이 깊어 가면 이시가리 생각이 난다. '연못횟집'이었던가? 부산 광안리 바닷가 연못횟집에서 좌광우도, 붓바리, 다금바리, 이시가리, 사메가리, 호시가리를 얘기하면서 술을 마시던 세월도 저 멀리 지나버렸다. 무술의 비기秘記를 전수하는 것처럼 생선에 관한 지식과 더불어 바다 소식도 함께 전해주던 고마운 친구를 잊을 수 없다. 미당 서정주는 자신을 키운 건 팔 할이 바람이라 했다. 생선이나 바다소식에 대해 내가 아는 지식의 팔 할은 조모의 덕택이다.

여행의 목적은 역사 유적을 둘러보거나, 풍광이 좋은 곳을 찾아 감상하거나, 그 곳에서 살아가는 사람들의 모습을 보며 자신의 삶을 되돌아보는 것이다. 그 지역의 문화를 체험하거나, 일상의 스트레스를 해소하기 위한 여행도 있다. 그 중에서도 여행의 참맛은 지역의 맛있는 음식을 먹는 것이다. 일상생활에서 쌓인 스트레스를 해소하고 몸과 마음을 치유하는데 맛있는 음식보다 더 나은 것이 어디 있으랴? 해파랑길을 걷는 즐거움 가운데 하나가 바닷가를 따라 걸으면서 온갖 해산물을 맛보는 일이다. 시원한 바닷바람 속에서 잃어버린 미각을 되찾아 주는 음식을 생각하면 괜히 가슴이 설레고 발길이 가벼워진다.

1. 부산 해운대 복어회, 복어탕
2. 대변항 멸치회, 멸치 관련 각종 요리
3. 기장 짚불 곰장어, 장어 요리
4. 울산 정자항 가자미 미역국과 가자미 회, 문어 숙회
5. 경주 감포 곰치국(물메기국)
6. 포항 죽도 시장의 가자미 식해, 청어 과메기
7. 영덕 강구항 영덕 대게, 은어구이
8. 울진 죽변항, 후포항의 울진 대게와 오징어
9. 동해·삼척 물텀벙국(곰치국)
10. 강릉 초당두부와 커피
11. 강원도 옥수수, 감자, 칡국수, 막국수
12. 양양 연어 요리
13. 속초 황태국, 황태 요리, 양미리 구이
14. 고성 도루묵구이(찌개), 오징어회, 대구탕

접시꽃 당신

도종환이 시집 『접시꽃 당신』을 출판했을 때 모든 아내들은 열광했다. 시인처럼 자상한 남자를 만난다면 오늘 죽어도 여한이 없겠다는 말을 예사로 해서 남편을 주눅들게 했다. 시인처럼 지고지순至高至純한 사랑을 할 수 있는 남자라면 목숨 바쳐 그 남자를 위해 봉사하겠다는 말을 들으며 모든 남편들은 꿀 먹은 벙어리가 되었다. 나 역시 무슨 죄인이라도 된것처럼 방 한구석으로 내몰렸다. 또는 시인이 가진 감수성의 반의 반도 못 가진 친구들은 동네 술집에 모여 시인과 애꿎은 접시꽃을 욕하며 술을 마셨다. 그러나 오래 가지 않아 '논두렁을 덮는 망촛대와 잡풀 돋은 묵정밭을 갈아엎기 위해' 시인이 다른 여자와 결혼했을 때 아내와 남편의 입장이 다소 역전되었다.

'어둠이 다하고 새벽이 오는 순간까지 손을 잡고 당신 곁에 영원히 있겠다'던 시인의 맹세가 거짓이 되고, 진실로 믿었던 시인의 말이 모두 허구로 판명나자 아내들은 심술을 부리기 시작했다. 지고지순한 시인의 순정을 굳게 믿고 전가의 보도寶刀처럼 휘두르던 칼이 접시꽃 아니었던가? 『접시꽃 당신』에 배신감을 느낀, 정확히 말하자면 시인에게 실망한 아내들은 괜히 엉뚱한 트집을 잡기 시작한 것이다. 아내가 방 안 여기저기 굴러다니던 책과 함께 『접시꽃 당신』을 헐값으로 고물 책장수에게 팔아넘긴 그 날, 일진이 사나웠던지 말대꾸를 하다가 봉변을 당했다. '남자는 마누라가 죽으면 뒷간에 가서 웃는다더라', '세 살 아들과 돌이 안 된 딸을 키우려면 애들 새엄마가 있어야 한다'는 별스럽지 않은 말대꾸였는데, 그 때문에 집에서 쫓겨나게 되었다. 아니 정확히 말하면 번잡한 집에서 나와 친구들과 어울리고자 한 자발적 가출이었다.

해파랑길 걷기 길에서 마주친 접시꽃

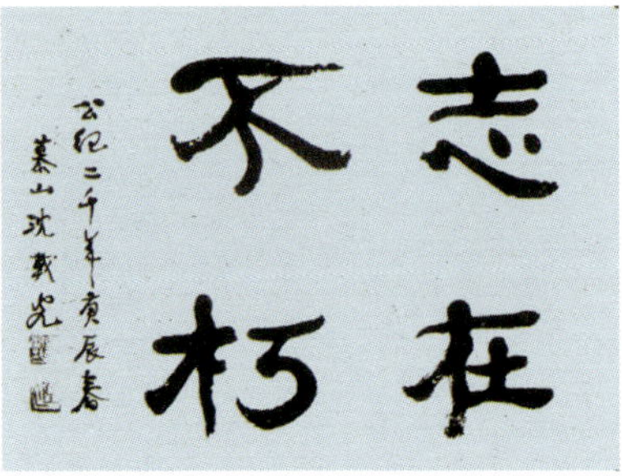

모산(慕山) 심재완(沈載完) 선생의 지재불후(志在不朽: 뜻을 썩지 않는데 둔다)

비슷한 처지의 친구들과 술집 구석에 모여 앉아 다시 한 번 시인을 성토하며 술을 마셨다. 하지만, 아내의 감정을 고려해 모두는 앞으로도 계속 접시꽃을 싫어하기로 했다. 그것이 집에서 남편들이 살아남을 수 있는 비결이었다.

그때 이후로 나는 접시꽃 닮은 화툿장의 목단(모란)을 봐도 화들짝 놀라거나 싫어하게 되었다. 대구에서 도종환과 '분단시대' 동인회 활동을 하던 친구 김모, 배모도 접시꽃 때문에 오랫동안 아내의 비난을 받아야 했다. 그 뒤 도종환은 비슷한 처지의 다른 이파리들과 연대하여 '담쟁이 넝쿨'을 올리게 되었지만….

시인 도종환과는 달리 울주군 천전리와 두동면에는 떠난 남편을 애타게 그리워하는 명문과 망부석이 있다. 볼모로 잡혀간 왕의 동생을 구하러 일본에 가서 화형火刑당한 남편 박제상을 기다리는 애절한 망부석 이야기와 천전리 암벽에 새겨진 사부곡思夫曲은 볼 때 마다 숙연한 마음이 든다. 치술령 망부석 이야기를 살펴보자.

치술령 망부석鵄述嶺 望夫石

미당 서정주徐廷柱는 전북 고창 지역에 떠도는 전설을 모아 놓은 『질마재 신화』에서 '신부新婦'라는 시로 생사를 뛰어넘는 사랑의 힘을 노래했다. 초록 저고리 다홍치마 입은 신부와 첫날밤을 보내던 신랑이 뒤가 급했다. 급히 화장실에 가다가 옷자락이 돌쩌귀에 걸린 신랑은 신부가 음탕하여 옷을 잡아당긴다 생각하고 도망가 버렸다. 50년이란 세월이 흐른 후 신랑이 우연히 집 앞을 지나다가 방문을 열어보니 신부가 첫날밤 모습 그대로 앉아 있다가 매운재로 변했다는 이야기다.

경북 영양 일월산의 '황씨 부인당 전설'도 이와 비슷하다. 정씨 성을 가진 청년이 연적戀敵을 물리치고 황씨 처녀와 결혼하게 된다. 신랑은 첫날밤 뒷간에 다녀오다 문에 비친 대나무 그림자를 보고 연적이 자기를 죽이려고 칼을 품고 숨어 있다 생각해 도망친다. 평생 신랑을 기다리다 죽은 황씨 처녀는 사당에 모셔진다. '…몇만 리 굽이치는 강물을 건너와 당신의 따슨 손길이 저의 목덜미를 어루만질 때, 그때야 저는 자취도 없이 한 줌 티끌로 사라지겠습니다… 원한도 사무칠 양이면 지극한 정성에 열리지 않는 돌문이 있습니다. 당신이 오셔서 다시 천 년 토록 앉아 기다리라고, 슬픈 비바람에 낡아 가는 돌문'이 조지훈趙芝薰의 시 '석문石門'의 내용이다.

이 이야기는 영양지방에 전해 오는 전설이다. 소위 '삼불차三不借'라는 주실 마을의 조씨는 만년 야당인 남인南人 중에서도 칼과 같은 부류라 '검남劍南'이라 불린다. '석문'은 검남 출신의 방우산장放牛山莊 주인 조지훈이 쓴 산문시이다. 시인은 검푸른 이끼 낀 석문의 모습을 통해 천 년 한을 간직한 신부의 서러움을 실타래처럼 풀어낸다. 사무친

정자항 뒷산에서 바라본 박제상 유적지 전경

울주군 간절곶에 있는 망부석

정자항 뒷산에 있는 망부석

경북 영양군 일월면 주곡리(주실마을)의 '지훈시공원'에 있는 조지훈의 '석문(石門)' 시비

사랑과 그리움이 원한으로 변해 임의 따뜻한 사랑으로만 열릴 수 있는 차디찬 석문이 되었다는 슬픈 이야기이다.

매운재로 내려앉은 미당의 '신부'는 전통 사회에서 여성의 성적 표현이 어떻게 규정되고 억압당해 왔는가를 시적 형상을 통해 보여준다. '당신의 손끝만 스쳐도 소리 없이 열릴' 이끼 낀 지훈의 '석문'에서는 남성 중심의 가부장적인 가치관이 엿보인다.

옛 이야기에서 임을 기다리는 여인네가 돌로 변한 모습을 자주 볼 수 있다. 망부석이 그 좋은 예다. 돌은 영원한 사랑, 임을 향한 굳은 정절을 나타낸다. 백제가요 '정읍사井邑詞'는 행상 나간 남편을 기다리는 백제여인이 등점산登岾山에서 망부석이 된다는 얘기다. 전북 고창에 가면 전쟁 나간 남편을 기다리는 백제여인의 애 끊는 노래가 선운산禪雲山 주변에 울려 퍼진다. 겨울에는 스님을 사랑한 처녀의 넋이 붉은 동백꽃으로 피어난다. 가을에 피는 꽃무릇, 상사화相思花는 잎과 꽃이 서로 만날 수 없으니 또 얼마나 애절한가. 시인 최영미의 말처럼 '꽃이 피는 건 힘들어도 지는 건 잠깐이고, 꽃이 지는 건 쉬워도 잊는 건 한참'이다.

가장 슬픈 심정을 노래한 것이 가장 아름다운 시라 했던가? 여기 동해 바닷가 울주 치술령에서 박제상을 기다리던 부인과 두 딸은 돌이 된다. 그 기다리던 마음이 한 편의 서사시敍事詩, 한 소절의 슬픈 곡조曲調가 된다. 그들이 불렀을 노래는 죽은 이의 혼을 달래는 진혼곡鎭魂曲인 레퀴엠이 되고 한 마리 예쁜 새가 되어 은을암隱乙巖 바위 구멍에 숨어들기도 한다. 의상義湘 대사를 사랑한 당나라 여인 선묘善妙는 돌용이 되어 의상 대사의 처소 앞마당에 묻힌다.

돌에는 선비의 성성한 정신, 역사적인 명문銘文만 새기는 것이 아니다. 천 년의 사랑도 새긴다. 삶은 덧없고 다음 생의 만남은 기약도 할 수 없다. 하지만 돌에 새긴 사랑의 맹세는 천상재회天上再會를 다짐하는 굳건한 약속이 된다.

돌에 새긴 생각들(일산 박위호 각)

상선약수(上善若水)

다선(茶禪)

장락무극(長樂無極)

덕불고필유린(德不孤必有隣)

석촌음(惜寸陰)

왕의 동생 미사흔을 구한 박제상은 모진 고문에 굽히지 않고 계림鷄林의 개, 돼지가 될 지언정 왜국 신하가 되지는 않겠다며 화형火刑을 감수한다. 남편의 죽음을 알게 된 부인은 통곡하다 죽어 치술령 신모神母가 되고, 두 딸은 죽어 새가 되어 은을암隱乙巖에 숨는다. 지아비에 대한 그리움으로 망부석이 된 것이다. 치술령곡은 전하지 않지만, 그 슬픈 곡조는 출렁이는 파도와 함께 치술령 언저리를 흘러 다니며 천 년의 사랑 이야기를 들려주고 있다.

PART 3

경주 구간

10코스

정자항~나아해변

총거리 13.9km/소요시간 4시간 40분

11코스

나아해변~감포항

총거리 18.9km/소요시간 6시간 50분

12코스

감포항~양포항

총거리 13km/소요시간 4시간 20분

해파랑가게

개관 불국토佛國土 경주

걷기는 마약이고 환각제다. 신체 근육의 98% 이상을 사용하는 위험도 부작용도 없는 합법적인 마약이다. 장비도 필요 없다. 튼튼한 두 다리만 있으면 된다. 걷기만 하면 온몸에 쏟아지는 햇볕이 시상하부를 자극해 행복 호르몬이라 부르는 세로토닌이 분비된다. 걷기 효과는 무수히 많다. 다리와 허리 근육 강화, 혈액순환 촉진, 체중 조절, 혈당 감소, 골다공증 예방, 고지혈증 예방, 성인병 예방, 면역기능 향상….

해파랑길 경주 구간은 30km 정도로 비교적 짧다. 울산 나아 해변을 지나면 양남면에서 경주 구간이 시작되지만, 이어서 도착하는 월성 원자력 발전소를 우회해야 한다. 그래서 실제 경주 구간 걷기는 월성 원자력 발전소를 지나 봉길 해수욕장에서 시작된다. 봉길 해수욕장의 문무대왕 수중릉을 지나면 대종천이 흐르고, 갈림길에서 이견대–전촌항–감포항–오류 해수욕장–양포까지가 경주 구간이다.

울산의 강동 주상절리대와 연결된 양남의 주상절리를 보며 걷는 파도소리 길은 관성솔밭을 지나면 최고의 경치를 보여준다. 그리고 봉길 해수욕장 앞 문무왕 수중릉을 지나노라면 신라인들의 진지함과 호국정신에 저절로 고개가 수그러진다.

경주는 신라 천 년의 고도古都다. 아도화상 혹은 묵호자를 통해 일찍 불교가 전래되었지만, 이차돈 순교로 공인된 불교가 급속도로 전파되어 500년 동안 신라인들은 곳곳에 불상을 세워 기복祈福과 국태민안國泰民安을 발원하였다. 경주를 위시해 온 나라가 불국토佛國土인 신라에

해파랑길 경주구간은 '감포깍지길'로 불린다.

서 불교는 종교에 머물지 않고 생활 그 자체가 되었다. 『삼국유사』의 저자 일연 스님은 서라벌을 묘사하면서, '절들이 별처럼 펼쳐지고 탑들은 기러기 떼처럼 날아간다寺寺星張 塔塔雁行'고 하였다.

이 땅이 불국토라 믿는 신라인들의 독특한 불국토 사상은 전불가람지前佛伽藍址인 황룡사 건립과 가섭불迦葉佛 설법 연좌석宴坐石, 인도 아쇼카 왕의 편지를 받고 건립했다는 장육존상丈六尊像, 낙산사洛山寺 창건 등에서 여실히 드러난다. 이러한 불국토 사상을 정립한 이는 자장, 원효, 의상 같은 고승들이다. 신라를 지극히 사랑한 '마지막 신라인' 윤경렬尹京烈 옹은 이렇게 말했다.

경주 남산은 바위가 많은 산이지요. 신라 사람들은 그 바위 속에 부처님이 계신다고 믿었습니다. 전통적인 바위신앙과 불교신앙이 합쳐

경주시 양남면 읍천항의 주상절리. 읍천항 주상절리는 부채꼴 모양의 특이한 형태가 발달되어 있다.

진 것이지요. 부처님 얼굴에 바로 신라 사람의 얼굴이 깃들어 있습니다. 고구려의 억세고 엄격함, 백제의 부드럽고 섬세함이 만나 빚어낸 한국인의 얼굴이지요.

황룡사, 장육존상, 낙산사뿐 아니라 경주 남산 곳곳에 불상이 조각되었고, 명산 봉우리에는 불보살의 명호가 붙여졌고, 명당에는 사찰이 건립되었다. 토함산에는 불국사와 석굴암이 세워지고, 함월산 자락에는 기림사祈林寺가 터를 잡았다. 그리고 추령에서 흘러내리는 대종천을 따라 감은사感恩寺, 이견대利見臺, 문무왕 수중릉文武王 水中陵이 만들어졌다.

해파랑길은 화랑의 길, 불국토 순례의 길이다. 의상이 기도 끝에 친견한 관세음보살觀世音菩薩을 만나러 보타낙가산(普陀洛迦山, 洛山寺)을 찾아가는 길, 금강산에 주석하고 있는 법기보살法起菩薩을 찾아가는 길, 화엄 세상을 찾아가는 구도의 길이다.

나의 잊히지 못하는 바다(내가 잊을 수 없는 바다)

20세기를 살아간 사람 중 문무왕을 가장 사랑한 사람은 우현又玄 고유섭高裕燮이다. 그를 일러 한국 미술사학의 태두泰斗라 한다. 동시대인으로 미술사를 공부한 근원近園 김용준金瑢俊도 유명하지만, 근원과 달리 우현은 평소 소원처럼 공부만 하다가 40세에 요절夭折했다. 우현이 개성박물관장 시절 황수영, 최순우, 진홍섭이란 소위 개성 3인방을 길러냈고, 이 개성 3인방이 한국미술사의 초석을 다진 것은 주지의 사실이다. 우현은 내성적이라 마음속으로 독립의지를 자주 다졌는데, 살아서 독립을 보진 못했다. 그의 시 '대왕암大王巖'은 죽어서 용이 되어 왜구의 침략을 막고자 한 문무왕文武王 수중릉水中陵과 이견대利見臺, 감은사感恩寺를 노래하고 있다.

대왕의 우국 성령憂國 聖靈은
소신燒身 후 용왕龍王 되사
저 바위 저 길목에
숨어들어 계셨다가
해천海天을 덮고 나는
적귀賊鬼를 조복調伏하시고

우국지성憂國至誠이 중重코 또 깊으심에
불당佛堂에도 들으시다
고대高臺에도 오르시다

문무왕 수중릉의 일출

후손은 사모하야
용당龍堂이요 이견대利見臺라더라

영령英靈이 환현幻現하사
주이야일晝二夜一 간죽세竿竹勢로
부왕부래浮往浮來 전해 주신
만파식적萬波息笛 어이하고
지금은 감은 고탑感恩 孤塔만이
남의 애를 끊나니

대종천大鐘川 복종해覆鍾海를
오작烏鵲아 뉘지 마라
창천蒼天이 무심無心커늘
네 울어 속절없다
아무리 미물微物이라도
뜻 있어 운다 하더라

삼국을 통일한 이는 태종 무열왕이다. 태종 무열왕 김춘추와 문명왕후(김유신의 누이, 문희)의 아들은 문무왕이다. 문무왕의 아들은 신문왕이다. 무열왕이 삼국을 통일했지만 백제와 고구려 잔존세력의 반발은 계속되었다. 당나라는 평양성을 함락하자 안동도호부를 설치해 삼국을 지배하려는 본색을 드러낸다. 바다 건너 왜구 역시 호시탐탐 신라의 해안 여기저기를 노략질한다.

문무왕 재임 기간은 서기 661~681년이다. 신라 통일을 위해 아버지 무열왕과 함께 크고 작은 전투를 치르며 잔뼈가 굵은 문무왕은 무열

용당리에 있는 감은사지 동탑과 서탑의 웅장한 모습. 삼국을 통일한 직후에 세워진 3층탑에서 통일과업을 완수한 신라인들의 웅혼(雄渾)한 기상을 느낄 수 있다.

동해구(東海口) 표지석. 동해로 나가는 입이다.

이견대(利見臺). 문무왕의 아들인 신문왕이 바다에 나타난 용을 만나 보물인 옥대와 만파식적(萬波息笛)을 얻었다는 전설이 깃든 곳이다.

왕 사후 30대 중반의 나이로 왕위에 올랐다. 그리고 56세로 죽을 때까지 삼국을 실질적으로 통일하기 위해 노력했다. 백제부흥 운동을 제압하고, 668년 평양성을 함락했다. 그러나 평양성을 함락한 후에도 다시 당나라와 싸워야 했고, 성가신 왜구의 침입을 당해야 했다.

풍찬노숙風餐露宿은 독립운동을 한 안중근 의사에게만 해당되는 말이 아니다. 문무왕의 일생도 그와 다르지 않았다. 당시 왕이 어디에 있어도 마음 편치 않은 세월이었다. 당나라는 50만 군사로 신라를 두 번이나 침공하려 한다. 당나라에 유학 중인 의상 대사가 당나라의 침공계획을 사전에 탐지하여 신라에 통보한다. 고도의 첩보전과 심리전이 전개된다. 맞서 싸울 것인가? 한발 물러서서 화의를 청할 것인가? 당나라가 상대적으로 힘이 약한 신라를 침공하면 어떻게 방어할 것인가? 외교 수단을 동원하여 침략을 방지할 수 있는 방법은 없는가? 방법이 있었다. 시간이 촉박했으므로 경주 배반동 낭산狼山에 임시로 사천왕사를 세운 후 명랑법사明朗法師의 도움으로 문두루 비법(文豆婁 秘法, Mantra 秘法)을 써서 서해를 건너오던 당나라 군대를 거센 파도로 물리쳤다.

당나라가 2차 침공을 계획하자 신라는 심리전으로 대응했다. '신라는 당나라를 섬길 자세가 되어 있다. 직접 신라에 가서 확인해 보라'는 거짓 정보를 흘리기 시작한다. 당나라 조정의 분위기 조성과 강온을 넘나드는 교묘한 심리전이 성공하여 시찰관이 신라에 파견된다. 그리고 파견 나온 시찰관에게 뇌물을 주어 그의 환심을 사 거짓 보고를 하도록 하여 신라를 지켰다. 문무왕은 명군 중의 명군이었다. 신라의 국격國格을 몇 단계나 높였기 때문이다.

문무왕은 죽기 전에 유언을 남긴다.

'꼴 베고 소 먹이는 아이들이 그 위에서 노래하고, 여우와 토끼가 그 옆에서 굴을 팔 것이니 분묘를 치장하는 것은 한갓 재주만 허비하고 역사서에 비방만 남길 것이요, 공연히 인력을 수고롭게 하면서도 죽은 영혼을 구제하지 못 할 것이다.'(『삼국사기』)
'그러니 죽고 나면 10일 후 문 밖에서 서쪽 나라 인도의 의식으로 화장하여 재를 동해 바다에 뿌려다오. 그러면 내가 호국룡護國龍이 되어 왜의 침략을 막을 것이다.'(『삼국유사』)

지의법사智儀法師에게 유언한 대로, 아들은 아버지 문무왕의 화장한 유골을 동해 바다에 뿌렸다. 산골散骨한 장소가 여기 경주 양북면 봉길해수욕장 앞바다 문무왕 수중릉이다. 왜구는 문무왕이 재임한 동안 계속해서 그를 괴롭혔으리라. 죽어서도 왜의 침략을 막고자 한 문무왕의 위대한 호국정신이 길손의 옷깃을 여미게 한다.

이듬 해 산골한 곳에서 기적처럼 신기한 보물인 옥대玉帶와 만파식적萬波息笛을 얻게 된다. 문무왕의 호국정신을 모든 사람들이 본받게 하고, 후대 모든 왕들이 참배할 수 있도록 시야가 트인 산허리에 이견대利見臺를 세웠다. 이견대란 『주역』의 '비룡재천 이견대인飛龍在天 利見大人'에서 나온 말이다.

신문왕은 부왕이 호국 사찰로 착공한 감은사感恩寺를 완공하여 아버지에게 감사하는 마음을 표현한다. 감은사에는 용이 되어 축생계畜生界를 떠도는 문무왕을 천도하고자 금당 아래에 용혈龍穴을 설치하였고, 용이 법당에 들어와 불법을 듣고 육도윤회에서 벗어날 수 있도록 바다까지 수로를 연결했다. 감은사지 앞에는 아직도 용이 머물던 연못龍池이 있다. 동해로 연결된 수로東海口를 보면 신문왕의 지극한 효성이 느껴진다. 저 멀리 토함산 석굴암 부처님의 백호(白毫-이마 구슬)에서 반사된 햇빛이 일출과 동시에 여기 대왕암에 이른다는 이야기는 또 얼마나 많은 감동을 주고 상상력을 자극하는가?

울산 대왕암공원의 14,000 그루에 달하는 소나무의 쩍쩍 갈라진 껍질은 용의 비늘(龍鱗)이다.

문무왕비 또한 호국룡이 되어 왜구의 침략을 막겠다는 서원을 세우고 울산 대왕암공원에 묻힌다. 대왕암공원의 14,000 그루에 달하는 소나무의 쩍쩍 갈라진 껍질은 용의 비늘龍鱗이다. 왕비의 서원이 너무나 비장해서 대왕암공원 주변 바다에는 아직도 해초가 자라지 않는다 한다.

문무왕비가 묻혔다는 대왕암공원 앞바다 물빛은 어찌 그리 아름다운지? 풍광은 또 얼마나 장엄한지? 러일전쟁 때 러시아 군대의 동향을 감시하기 위해 일본이 세웠다는 울기 등대의 모습이 묘한 느낌을 주지만, 울산 대왕암공원, 감포의 대왕암, 이견대, 감은사는 최고 국력을 자랑하던 통일 신라의 호국정신이 살아 숨 쉬는 곳이다.

무한한 상상력의 보고寶庫이고, 무궁무진한 이야기 보따리이다. 그래서 고유섭에게는 '나의 잊히지 못하는 바다'(내가 잊을 수 없는 바다)가 된 것이리라.

PART 4

포항 구간

13코스

양포항~구룡포항

총거리 18.3km/소요시간 6시간 50분

—

14코스

구룡포항~호미곶

총거리 15.3km/소요시간 5시간 20분

—

15코스

호미곶~흥환보건소

총거리 14.4km/소요시간 6시간 30분

—

16코스

흥환보건소~송도해변

총거리 23.3km/소요시간 8시간 30분

—

17코스

송도해변~칠포해변

총거리 17.1km/소요시간 5시간 50분

—

18코스

칠포해변~화진해변

총거리 19.4km/소요시간 6시간 40분

—

해파랑가게

개관 일월지향日月之鄕 포항

해파랑길 포항 구간은 110km 정도로 전체 구간 중 가장 긴 구간이다. 양포에서 시작되는 포항 구간은 구룡포－호미곶 해맞이 광장－포항 제철－죽도 시장(송도 해변)－칠포 해변－월포 해변－화진포까지지다. 과메기의 땅 구룡포에는 일제 강점기의 적산가옥敵産家屋을 재정비해 문화거리를 조성한 까닭에 사람들이 모여든다. 구룡포에서 경치 좋은 바다를 따라가면 호미곶 해맞이 광장에 이른다. 해맞이 광장에서 '상생의 손'과 '연오랑·세오녀상'을 감상하고 돌아 나오면 대보리에서 이육사의 '청포도' 시비를 볼 수 있고, 대보리에서 포항 시내를 멀리서 조망하며 위험한 자동차 도로를 따라 하염없이 걸으면 도구 해수욕장에 이른다.

최백호의 '영일만 친구'라는 노래로 알려진 영일만을 돌아오는 길이 낭만적이다. 포항제철 산업단지인 포항 시내를 힘겹게 통과하면, 사람 냄새 물씬 풍기는 죽도 시장이 나온다. 북부 해수욕장(영일대 해수욕장)을 지나면 부산에서 울산과 경주 내륙으로 올라오는 7번 국도와 만나게 되고, 포항 신항만 건설현장을 구경하고 칠포, 월포를 지나 화진포에 이르면 포항구간이 끝난다.

포항은 해를 맞이하는 땅이다. 조선이라는 국호도 해 뜨는 곳을 의미하니, 조선 국호의 의미를 가장 잘 보여주는 곳이 일월지향 포항이 아닐까 싶다. '연오랑·세오녀' 설화에서 보듯이 영일迎日은 해를 맞이하는 곳이다. 포항 주변에는 해를 맞이하는 곳이란 지명이 무수히 많다. 영일, 연일, 광명리, 일월리, 도구리, 오천….

호미곶 해맞이광장에 세워진 '상생의 손' 조형물. 영남대 미대 김승국 교수팀의 작품이다.

북부해수욕장(영일대해수욕장으로 개명되었다)에 세워진 영일대(迎日臺).

포항 장기長鬐에는 조선시대 말을 키우던 목장이 있었는데, 그곳이 말갈기같이 생겼다 해서 장기곶長鬐串으로 불렀다. 그러나 일제가 나가사키長崎라 명명하였기에 지금은 호미곶(虎尾串, 호미곶은 남사고가 이미 500년 전에 명명했다)으로 개명했다. 일제는 조선시대에 신경준이 체계화한 '산경표山經表'상의 산줄기와 물의 흐름을 무시하고 산맥과 강으로 분류하여 혼을 말살하고, 문화적으로도 교묘하게 한반도 지배를 굳건히 하고자 했다. 산 정상이나 혈이 맺힌 곳에 쇠말뚝斷穴鐵柱을 박아 민족정기를 말살하고 한반도의 지형을 토끼모양으로 바꾸었다. 그러나 한반도는 호랑이가 앞발로 연해주를 할퀴는 모양으로 백두산이 호랑이 코, 호미곶은 호랑이 꼬리에 해당한다.

동해안을 따라가는 7번 국도는 부산에서 시작하여 내륙인 울산, 경주 시내를 거쳐 포항으로 빠져나와 화진포 휴게소에서 처음으로 바다와 만난다. 내륙에서 올라온 7번 국도는 한 번 바다와 만난 이후 계속 바다를 끼고 저 멀리 강원도 고성 통일전망대까지 이어진다.

고속도로가 속도와 과학이 지배하는 기하학적인 길이라면 국도는 인간 중심의 문화가 살아 숨쉬는 생태학적인 길이다. 소통과 화합, 자치, 다양함이 살아 숨 쉬는 국도는 단순한 이동로나 운송로가 아니라 인간의 꿈과 희망이 살아 있는 곳이다. 7번 국도는 그 자체가 관광자원이다. 길 주변에 휴게소나 문화공간을 설치하고 토산품이나 특산품을 판매한다면 인간 중심의 행복을 창출하는 공간이 될 것이다. 일본의 미치노에키道の驛처럼 우리도 이제는 해파랑길에 인간 중심의 여행문화를 만들고 새로운 관광산업을 육성해야 한다. 길은 소통과 화합, 자치와 행복, 안전과 다양성이 함께 하는 문화공간이 되어야 한다.

흥해읍을 지나 칠포 신흥리 파인비치호텔 주변에는 청동기 시대의

포항시 북구 흥해읍 곡강의 기수역(汽水域, estuary)
구룡포의 해파랑길 표지판
포항 신항만 건설현장

암각화와 고인돌이 있다. 해송이 우거져 바다 경치가 좋은 월포는 달이 머무는 고장이다. 월포의 해파랑길은 저 멀리 문수봉-내연산-향로봉 줄기를 조망하면서 걷는 길이기에 더욱 아름답다. 포항제철에서 운영하는 월포 수련관에서는 필요한 물품을 저렴한 가격에 구입할 수 있다.

청하 들판을 가로질러 저 멀리에는 포항이 자랑하는 명산인 내연산內延山이 있다. 내연산에는 왜구의 침입을 막고 삼국통일을 기원하며 인도에서 가져온 팔면보경八面寶鏡을 묻고 창건한 보경사寶鏡寺가 있다.

모포리에서

연일 35도를 웃도는 더위가 기승이다. 장마철이라 습도는 물론이고 불쾌지수도 높다. 한반도를 오르내리며 비를 뿌려야 할 장마전선이 남지나해에서 발달한 태풍의 영향으로 중부 지방에 머무는 탓에 남부 지방에는 비다운 비 한 번 오지 않았다. 비를 기다리는 마음이 간절하다.

어제는 울산 정자항을 출발하여 문무대왕릉을 지나 감포항까지 30km 정도를 걸었다. 불량부품 사용으로 멈춰 선 월성 원자력 발전소를 돌아오는 길이 만만치 않았다.

오늘은 감포항에서 구룡포항까지 대략 30km를 걷고자 한다. 감포항 옆 식당에서 가자미 미역국으로 든든하게 아침 식사를 하고 길을 나선다. 아침부터 땅에서 올라오는 더운 기운이 숨을 턱턱 막히게 한다. 오후 늦게부터 장마비가 내린다 하니 비를 기다리며 발걸음을 옮긴다.

15km 정도를 걸어 양포항에 도착하니 오후 1시. '일송정' 식당에 들러 주인 할머니가 손수 장만한 물회로 점심을 먹었다. 식사 후 서둘러 길을 나섰으나 반주로 마신 몇 잔의 막걸리 때문에 발걸음이 휘청거려 양포 마을회관 휴게소에 앉아 쉬다가 더위가 누그러진 시간이 되어서야 길을 나선다. 시원한 바람이 쉴 새 없이 불어오는 바닷길을 따라 잠시 걸으니 다시 정신이 맑아진다. 영암 마을의 골목길을 따라 대진 방파제를 지날 때 쯤 멀리 호미곶 언덕에서 천둥이 울어댄다. 그리고 돌풍과 함께 북쪽 산에서 먹구름이 몰려와 하늘을 덮는다.

종종걸음으로 모포리 입구에 도착하니 기다렸다는 듯 소나기가 쏟아진다. 기상예보는 오후 네 시경부터 비 올 확률 70%, 강우량 5mm 미만이었는데 소나기의 기세가 예사롭지 않다. 갑자기 쏟아지는 폭우에 놀라 동네 입구에 있는 양파 저장 건물에서 비를 피했다.

평소 일기예보는 정확했는데 오늘은 그렇지 못하다. 불안정한 기상 상황을 매번 정확히 맞추기란 쉽지 않을 것이다. 아무리 과학이 발달했다 해도 앞일을 내다보는 일이 그리 쉽지는 않은 모양이다.

앞일을 예측하는 학문을 미래학未來學이라 한다. 기차가 어떻게 하면 효율적이고 빠르게 움직일 수 있을까가 아니라, 기차가 어디로 향하고 있는지를 생각하는 것이 미래학이다. 미래학은 실증이나 검증이 불가능하므로 학문이 될 수 없다는 주장도 있다. 20세기 중반 서양에서 시작해 우리 눈과 귀에 익숙한 피터 드러커, 앨빈 토플러, 제임스 마틴, 다니엘 벨, 사무엘 헌팅턴 등이 미래학자고, 그들이 쓴 책이 미래학 서적이다. 범위를 넓히면 인류의 종말을 예언한 노스트라다무스도 미래학자가 될 수 있고, 성경의 요한묵시록도 미래학 서적이 될 수 있다.

허름한 건물에 자리 잡은 철학관, 점집, 굿당도 미래학의 사촌쯤 되고, 사주풀이를 하는 명리학命理學, 국가의 명운이나 천재지변을 예측하고자 노력하는 기문둔갑술奇門遁甲術, 적당한 주거지나 무덤의 명당을 찾는 풍수지리학風水地理學도 미래학이 될 수 있다. 범위나 관심사가 다르지만 이지함의 호를 가탁한 『토정비결土亭秘訣』이나 남사고의 『격암유록格菴遺錄』, 저자 미상의 『정감록鄭鑑錄』이나 『송하비결松下秘訣』도 현실 비판이나 미래에 대한 우려와 비전을 제시하고 있으니 미래학 서적이라 할 수 있겠다.

명리학은 주역과 음양오행을 기초로 하여 년·월·일·시라는 사주풀이로 개인의 길흉화복을 예측한다. 기문둔갑술 역시 여러 가지 자연현상이나 정보를 종합하여 천재지변이나 국운을 예측하고 대비책을 마련하는 것이다. 풍수지리학風水地理學의 양택풍수陽宅風水는 살아있는 사람들을 위해 주거공간의 적절성으로 미래의 길흉화복을 예측하고, 음

포항시 남구 장기면 모포리에서 바라다 본 저녁노을

모포항

모포회집

택풍수陰宅風水는 죽은 사람이 묻히는 묘소가 어떤 형국이냐에 따라 자손들에게 발복發福을 한다고 하니 이 또한 미래학이 될 수 있을 것이다.

우리의 삶은 불안정하고 불안하다. 부서지기 쉽고 변화의 격랑에 흔들리기 쉽다. 삶은 자연재해나 문명의 흉기에 쉽게 파괴될 수 있다. 그리움이나 사랑의 맹세는 우리를 위안하기에 충분하지 않고, 종교는 믿음의 자세나 실천의 중요성만을 이야기한다.

오늘 내가 죽는다면 신부나 목사는 신이 나를 너무 사랑하여 하늘나라를 장식하기 위해 데려갔다면서 가족들을 위로할 것이다. 스님들은 내가 이승의 인연이 다해서 저승으로 갔고, 인연이 어떠했으므로 다음 생은 몸을 바꾸어 윤회를 계속할 것이라고 위로하며 불교적인 생사관生死觀을 이야기할 것이다. 기억은 어느 곳에나 드러눕는 개와 같으니, 내가 사랑한 사람들이나 나를 사랑하는 사람들은 잠시 묵념하며 나와 얽힌 생전의 어느 한 장면을 떠올릴 것이고, 헌화獻花 후 종종걸음으로 되돌아가 다시 일상을 이어갈 것이다.

인간의 길흉화복이나 나라의 앞날은 어디에서 비롯되었고, 그것은 어떠한 모습일까? 불교에서 금생은 전생의 과보이고, 후생은 금생의 과보라고 한다. 이 말은 현재 밖에 아무것도 없다는 말이다. 과거나 미래는 오직 지금 이 자리로 귀결된다. Here & Now이다. 선기禪機가 번뜩이는 법거량法擧量을 들어도, 재기가 넘치고 섬뜩한 느낌의 공안록公案錄을 봐도 그러하다.

음양오행이나 주역의 이치를 터득하면 미래를 예측할 수 있는가? 근·현대사를 살펴보면, 보천교나 백백교 같은 사이비 종교에서 정감록의 영향을 받은 구한말의 원불교, 증산교, 동학에 이르기까지 미래를 예측하려는 시도는 수도 없이 많았으나 미래를 정확하게 예측하지는 못했다. 앞으로도 그와 다르지 않을 것이다.

처마 밑에서 비를 피하며 틀린 기상예보에 대해 투덜대며 미래학未來學에 대해 생각해 본다. 시원하게 내리는 비가 걷히면 바닷가 저녁의 아름다운 풍광이 다시 펼쳐질까? 모를 일이다. 모포리에서 목적지인 구룡포 항까지는 아직 10km가 남았다. 일모도원日暮途遠, 내리는 비와 함께 하루 해는 지는데 갈 길은 아직 멀다.

모포리의 해파랑길 표식

청포도

경북 포항시 남구 호미곶면 대보리에는 이육사李陸史의 '청포도' 시비가 있다. 일본 헌병에 쫓긴 육사가 친구가 있는 청포도 농원에 인부로 몸을 숨긴 적이 있었다. 이때 지은 시가 그 유명한 '청포도'다.

내 고장 칠월은 청포도가 익어 가는 시절
이 마을 전설이 주저리 주저리 열리고
먼 데 하늘이 꿈꾸며 알알이 들어와 박혀
하늘 밑 푸른 바다가 가슴을 열고
흰 돛 단 배가 곱게 밀려서 오면
내가 바라는 손님은 고달픈 몸으로
청포를 입고 찾아온다고 했으니
내 그를 맞아 이 포도를 따 먹으면
두 손은 함뿍 적셔도 좋으련
아이야 우리 식탁엔 은쟁반에
하이얀 모시 수건을 마련해 두렴

1920년대 일제는 한반도를 영구 지배하기 위해 효율적인 국토이용계획을 수립한다. 포항 오천지역에 비행장을 만들고, 20만 평에 달하는 청포도 재배단지를 조성하는 것이 바로 그 계획의 일부였고 그 단지가 오천 포도원이다. 생산한 포도 와인은 제국주의 체제를 공고히 하기 위한 전쟁물자로 사용되었다. 이육사는 일본 경찰에 쫓기다가 잡역부가 되어 이곳에 숨는다. 그는 휴식 시간이 되면 영일만 바다를 떠다니

호미곶 해맞이광장 바닷가에 있는 이육사의 '청포도' 시비

청포도

이육사문학관. 경북 안동시 도산면 원천리(불미골)의 이육사 고향마을에 건립되었다.

원천리 불미골에 있는 '청포도' 시비. 이육사 선생의 외동딸 이옥비 여사가 시비를 관리하고 있다.

는 돛단배를 보며 인부로 일하는 자신의 처지를 한탄했을 것이다.

하지만, 아름다운 주변 풍경과 전설이 주저리 주저리 열린 청포도 알맹이는 탐스러웠으리라. 멀리 하늘가 고향인 안동 예안 땅도 그리웠으리라. 그러한 상황에서 청포도란 시가 쓰였고, 이를 기념하여 대보리에 이육사 시비가 세워졌다. 지금은 단숨에 죽장, 기계로 가서 청송을 지나 안동에 갈 수 있다. 그러나 일본 경찰에게 쫓기던 육사는 그리운 고향에 갈 수 없는 영어(囹圄)의 몸이나 다름없었다. 청포도 밭 그늘에 앉아 흰 돛단배 떠다니는 바다를 바라보며 고향을 그리워하고, 묶인 자신을 구해줄 귀한 손님을 기다리는 육사의 마음을 헤아려 본다.

신문사에 일하면서 불령선인不逞鮮人으로 낙인 찍혀 감옥을 들락거리던 그는 수인번호가 264번이었기에 필명을 이육사로 정했다. 그가 필명으로 발표한 많지 않은 시를 보면 외로워 하면서 항상 애타게 무엇을 기다리고 있음을 알 수 있다. '광야'에서는 백마 타고 오는 초인을 기다리기도 하고, '청포도'에서는 청포 입은 손님을 기다리기도 한다. 현실이 팍팍하고 어려울수록 바람은 절실해질 수밖에 없었을 것이다. 시인이 기다리던 것이 과연 조국 광복밖에 없었을까? 청포도의 주제는 조국 광복이고, 청포 입은 손님이 오는 날은 광복의 그날이기만 할까? 천고千古의 뒤에 광야에서 목놓아 우는 백마 타고 오는 초인超人이 부르는 노래가 반드시 독립 만세의 우렁찬 함성이어야만 할까? 아닐 것이다. 육사가 애타게 갈구하던 것은 그 외에도 무엇이 있었을 것이다.

호미곶 해맞이 광장을 돌아나와 해파랑길에서 만난 이육사의 '청포도' 시비 앞에서 그가 쓴 '청포도'를 읊조려 본다. 호미곶의 아름다운 영일만을 칠월에 걸어본 사람은 안다. 육사가 이 바닷가에서 왜 '청포도'란 시를 쓰고, 그 '청포도'가 왜 그리 아름다운 시인지를. '청포도'의 주제는 조국 광복만이 아니라 시인이 바라던 그 무엇임을.

40세로 요절한 그의 삶도 되짚어 본다. 매년 7월 말이면 안동에서는 이육사 문학축제가 열린다. 육사의 시는 30여 편에 불과하다. 암울한 시대 상황에 짓눌려 어두운 삶을 살았던 윤동주와 달리, 힘찬 기운을 마음껏 발산하며 굵고 짧게 살다간 이육사의 시 '절정絶頂'은 읽을 때마다 삶의 새로운 활력을 준다.

연오랑·세오녀

박정희의 고향은 경북 구미이고, 박태준의 고향은 경남 양산이다. 박태준은 남조선 경비사관학교(현 육군사관학교) 생도 시절에 박정희를 처음 만났다. 당시 박정희 대위는 생도대 중대장으로 탄도학을 강의하는 교관이었고, 박태준은 생도였다. 두 사람의 만남은 스승과 제자 혹은 지휘관과 참모로 오랫동안 지속되었는데, 두 사람의 만남이 우리 경제 발전에 기여한 공로가 크다. 한일 국교정상화의 댓가로 대일청구권 자금을 받은 박정희는 경부고속도로를 건설하고, 박태준은 영일만 모래 바람이 불어오는 곳에 포항제철을 세운다. 제철기술을 이전해 주기로 약속한 미국이 이를 어기자 그는 천신만고 끝에 일본으로부터 기술을 전수받아 제철산업을 시작할 수 있었다. 지금은 세계적인 철강 생산국이 되었지만, 1960년대 상황에서 제철 산업은 꿈조차 꿀 수 없는 엄청난 일이었다. 제철기술은 다시 조선업, 자동차업 등에 영향을 주어 한국 경제의 빛이 되었다. 제철기술이 한국 경제발전의 견인차가 된 것이다.

신라 건국 초기 박혁거세 부족 집단은 중앙아시아에서 이주한 유목 집단으로 보인다. 육상 이동 집단이었으니 기동성은 좋았으나 바다 진출에 폐쇄적인 경향을 보인다. 또한 주변국가인 백제나 가야에 비교하면 제철기술이 낙후한 집단이었다. 바다 진출에 폐쇄적이고 제철기술이 낙후한 것이 초기 신라의 최고 약점이었다. 낙후한 제철기술은 치명적인 약점이 되었기에 신라의 여러 부족은 생존과 세력 확대를 위해 제철기술을 둘러싸고 치열하게 경쟁해야만 했다. 신라는 초기에 박씨와 김씨, 석씨 부족의 연합체로 출발했는데, 경주 주변 6부 촌장들도 사병私

兵을 가진 강력한 정치세력이었다. 권력이 분산되어 있으니 각 세력은 입지를 넓히기 위해 항상 각축하였고, 한 세력의 독자적인 왕위세습은 거의 불가능한 상황이었다.

제2대 남해왕은 일본 오키제도隱岐諸島에서 건너온 것으로 추정되는 석탈해가 기질이 드세고 지략도 우수한 것을 알고 있었다. 그는 왕위를 아들 유리왕에게 계승하려 했다. 그래서 왕위 계승권을 이의 수효가 많은 자로 한다. 이사금(尼叱今, 잇금, 임금)이란 왕호는 이의 수효가 많은 자를 의미한다. 그러나 지략가 석탈해는 우여곡절 끝에 3대 유리왕 이후 4대 왕이 된다. 하지만, 그는 아무래도 정치적 기반이 취약했던가 보다. 출신 성분이 입지를 좁게 만들었는지도 모른다. 왕위가 다시 박씨에게 옮아가자 석씨 부족의 제철을 담당하는 연오랑 집단도 더 이상 신라에 머물 수 없게 되어 일본으로 집단 이주한 것으로 보인다. 연오랑이 이주한 곳은 일본의 시마네현島根縣 이즈모出雲 지역으로 보인다.

『삼국유사』에 나오는 연오랑·세오녀 설화는 한국에 남아 있는 유일한 태양설화다. 신라 제8대 아달라왕 4년이니 서기 157년이다. 연오延烏가 해초를 따다 바위에 실려 일본에 가서 왕이 되었다. 세오細烏는 남편을 찾다가 연오가 벗어둔 신발을 발견하고 바위에 오른다. 세오 역시 바위를 타고 일본에 가서 귀비貴妃가 된다. 연오, 세오가 일본으로 가버리자 신라의 해와 달이 빛을 잃었다. 천문을 읽고 점을 치는 일관日官을 불러 점을 치니 연오, 세오가 일본에 가버려서 신라의 해와 달이 빛을 잃었다고 말했다. 왕이 연오, 세오에게 신라 땅으로 돌아오라 요청하자, 세오는 사신에게 명주로 짠 비단을 주며 하늘에 제사 지내라 하였다. 세오 말대로 제사를 지내자 해와 달이 다시 빛나게 되었다. 제사 후 보내온 비단을 창고貴妃庫에 보관토록 했고, 하늘에 제사 지낸 곳을 영일현迎日懸 또는 도기야都祈野라 한다. 도기야는 현재 포항시 동

대보리 호미곶 해맞이광장의 '연오랑 · 세오녀상'
영일대 해변에서 본 포항제철 야경

해면 도구리 해병부대 안쪽에 있는 일월지日月池 주변이다. 주변의 오천烏川이나 광명리光明里 등이 이 설화와 관련이 있는 지명이고, 포항에서는 매년 일월지에서 일월신제日月神祭를 지낸다.

연오랑·세오녀는 제철기술 집단의 지도자라는 주장이 일반적이다. 제철기술 집단은 강한 무기와 농기구를 제작할 수 있었고, 이를 바탕으로 강력한 정치세력을 형성할 수 있었다. 그러니 제철기술자가 신라를 떠난 것은 해와 달이 빛을 잃을 정도로 충격적인 사건이었음에 틀림없다. 연오랑延烏郎, 세오녀細烏女에는 까마귀 오烏자가 들어 있는데, 이것이 이들을 제철기술자라 추측하는 단서가 된다. 까마귀는 태양을 상징하는 새다. 고구려 벽화에 등장하는 태양신은 항상 금오金烏 아니면 삼족오三足烏다. 금 까마귀와 세 발 달린 까마귀는 태양을 상징하고, 제철에 종사하는 사람들은 검은 옷을 착용했다. 영어의 대장장이blacksmith도 역시 검은 옷을 입은 사나이다. 연오랑에서 연延은 늘린다는 뜻이니 야철冶鐵하여 두드려 펴는 단조작업鍛造作業을 의미한다. 세오녀의 세細는 가늘다는 뜻이니 세오녀 집단은 연오랑 집단보다 더욱 뛰어난 제철기술 집단, 즉 가늘게 단조하는 정밀 단조기술을 가진 집단을 의미한다. 단조작업은 불과 물 사이를 왕복하며 열간단조(熱間鍛造-불, 태양)와 냉간단조(冷間鍛造-물, 달)를 하는 작업이니, 연오랑 세오녀가 일본으로 훌쩍 떠나버리자 신라의 일월이 빛을 잃은 것이다.

한반도의 고대 국가 성립시기인 서력기원 전후부터 신라와 가야는 일본과 왕래가 잦았던 것으로 보인다. 가야국 김수로왕의 아들 선견 왕자와 묘견 공주가 일본 구주 지역에 고대국가 야마다국邪馬臺國을 세우고, 70~80년 동안 친가야 세력으로 존속하였다. 연오랑 집단과 세오녀 집단은 이주하여 이들을 몰아내고 권력을 장악한 것으로 보인다.

삼족오(三足烏, 金烏, 黑烏, 赤烏). 해를 상징하는 상상의 까마귀로서 태양과 지상을 오가는 사자(使者)로 보았다. 삼족오 문양은 동북아(한중일)의 고대국가에서 공통적으로 나타나는데, 해에는 삼족오를 그려 넣고, 달에는 두꺼비나 토끼를 그려넣었다. 고구려 시조 추모왕은 햇빛을 받아 알에서 태어났기에 고구려에서 특히 이 문양을 많이 사용했다. 세 개의 발은 음양사상에서 비롯된다는 주장과 천지인(天地人)을 의미한다는 주장이 있다.

연오랑 · 세오녀 전각(일산 박위호 각)

신라 4대왕 석탈해는 울릉도 동남쪽 작은 섬나라 용성국 출신인데, 그곳은 지금의 오키제도로 보인다. 석탈해는 기질이 드세고 지략에 능한 사람으로 묘사되고 있는데, 유리왕 이후 4대왕에 오른다. 신라에 귀화하자 남해왕의 사위가 된 것이나 그 외 여러 정황을 살펴보면 석탈해와 그 집단은 우수한 제철기술을 보유했음에 틀림없다.

신라 건국 초기에는 박씨 세력이 강해 4대 석탈해왕 다음인 5대 파사왕부터 다시 박씨가 왕위에 오른다. 월성 지역의 석씨 부족 소속으로 제철기술을 제공한 연오랑 집단은 정치적인 망명을 할 수밖에 없었을 것이다. 이들은 바다 건너 일본 시마네현 이즈모 지역으로 집단이주하였다. 그리고 자신들이 지닌 새로운 제철기술을 이용하여 야요이 시대彌生時代 일본 소국의 왕이 된 것으로 보인다.

이로부터 상당한 시간이 지나 영일 지역에 거주하던 세오녀 제철 집단 또한 정치적으로 몰락하자 일본으로 이주하였다. 세력이 강대한 세오녀 집단은 가야의 묘견공주가 구주지역에 세운 야마다국으로 가서 실력자가 된 것으로 보인다. 혹자는 삼국지三國志 위지 왜인전魏志 倭人傳에 등장하는 야마다국의 여왕 히미꼬卑彌呼가 신녀의 속성을 가지고 있었고, 서기 173년 야마다국이 신라에 사신을 파견한 역사적 사실을 언급하며 히미꼬가 바로 세오녀라고 추정하기도 한다.

세오녀가 일본에서 귀비, 혹은 왕으로 추대된 뒤 신라왕의 요청이 있었기에 화친을 위해 사신과 비단製鐵技術을 보냈다. 세오녀가 파견한 사신은 아마도 제철기술자일 것이다. 세오녀가 다시 신라에 보내온 제철기술은 가야 지역의 우수한 제철기술이 가미된 더욱 발전된 신기술이었을 것이다. 신라왕은 다시 찾은 제철기술에 감사하며 하늘에 제사를 지냈으니, 그 곳이 해를 맞이하는 영일迎日이다. 신라왕은 세오녀가 보내준 제철기술로 만든 비단(신기술로 만든 철제품일 것이다)을 창고인 귀비고貴妃庫에 보관토록 한다. 귀비고는 현재 포항시 동해면 도구리 근처로 보인다.

박정희에게 제철소 건립을 지시받은 박태준이 부지 선정에서 가장 먼저 고려한 곳은 고향 양산에 인접한 울산지역이라 한다. 조사 결과 울산지역은 지질구조상 제철소 건립에 부적당하여 포항 영일만을 최종 선정했다고 한다.

1964년 당시 그가 포항제철을 영일만에 건립할 때 연오랑·세오녀 설화를 참고했는지 여부는 알 수 없다. 그러나 이 지역은 이미 1800여 년 전부터 제철과 관련이 있는 땅이었다니, 생각해보니 참 기묘한 인연이다. 이 땅 영일에서 경제건설의 주춧돌을 세운 우리는 아무도 예상할 수 없는 기적을 만들며 세계무대에 등장했다.

연오랑은 석씨 부족을 지원하던 월성 지방에 토대를 둔 제철 기술 집단이었고, 세오녀는 박씨 부족과 연대하던 영일 지방의 제철 기술 집단이라고 한다. 집단 간 헤게모니 다툼도 치열했을 것이고 두 유력 집단이 갈등하면 한쪽이 몰락하는 것은 지금이나 옛날이나 같다. 패배 집단은 일본에서 새로운 정치세력을 키워 다시 신라의 해안지역을 침략한 것이 지난 2000년 동안의 한일 관계가 아니었던가? 지금도 우리 귀에 거슬리는 임나일본부설이나 독도영유권 망언도 따져보면 같은 이야기가 아닌가? 식민지로 보낸 세월도 한스럽다. 하지만 과거사에 집착해 서로 잘잘못만 따지는 소모전은 이제 끝내고 건설적인 미래를 함께 모색해야 할 때다.

호랑이 꼬리, 호미곶면 대보리에서 시작한 오늘 걷기 길은 대동배리, 발산리, 입암리를 거쳐 도구 해수욕장을 통과한다. 포항제철 공단지역을 통과하면 형산교를 넘을 것이고, 사람 냄새 나는 죽도시장을 지나면 북부 해수욕장(영일대 해수욕장)을 지나게 될 것이다. 철강 단지의 매캐한 냄새가 싫었지만 철강 산업이 한국 경제발전의 원동력이 되었다는 생각에 참기로 한다.

1800여 년이 지나 다시 그 자리로 돌아온 것 아닌가? 1800년이 지나 다시 제철기술로 한국경제에 빛을 주고 있는 저 멀리 포항제철소의 위용이 새삼 놀랍다. 제철소 건립 과정이나 주변 여건이 순탄하지는 않았다. 선구자적인 혜안을 가진 몇몇 정치인의 결단에 감사할 수밖에 없다. 오늘 밤은 북부 해수욕장에 새로 조성한 영일대迎日臺 앞 횟집에서 포항제철의 야경을 보며 한 잔의 술을 마시고 싶다.

PART 5

영덕 구간

19코스

화진해변~강구항

총거리 15.7km/소요시간 5시간 20분

20코스

강구항~영덕해맞이공원

총거리 18.8km/소요시간 7시간 30분

21코스

영덕해맞이공원~축산항

총거리 12.2km/소요시간 4시간 10분

22코스

축산항~고래불해변

총거리 16.1km/소요시간 5시간 50분

해파랑가게

개관 블루로드 영덕

아름다운 해변 걷기 길 '블루로드'는 영덕이 자랑하는 전국적인 명품 걷기 길이다. 화진포 해변에서 시작하는 해파랑길 영덕 구간은 63km이지만 실제는 70km가 넘는다. 영덕 구간을 개관하면, 부경온천 입구의 대게공원에서 시작하여 장사 해수욕장–경보 화석 박물관–삼사 해상공원–강구항–고불봉–해맞이 공원–경정항–축산항–죽도산–영양 남씨 발상지–봉수산–상대산–괴시리 전통마을–오십천–고래불 해수욕장–칠보산–병곡까지다.

장사 해수욕장에는 장사 상륙작전 전적 기념비가 있다. 한국전쟁 당시 어렵던 전황을 만회하기 위해 맥아더 장군은 인천 상륙작전을 감행하게 된다. 인천 상륙작전의 성패는 한국전쟁의 성패를 결정지을 만큼 중요해서 적을 유인하는 또 다른 작전이 필요했다. 인천상륙작전 10일 전쯤에 유인작전으로 장사 상륙작전을 감행했는데, 여기 투입된 병사 대부분은 학도병들로 전사자는 800여 명이었다. 장사는 이러한 슬픈 역사를 안고 있는 곳이다. 해파랑길 걷기에 심신이 아무리 지쳤다 해도 전적기념비에 묵념하고 추도의 예를 다 해야 하리라.

경보 화석 박물관은 포항 토박이 강해중 씨가 포항에서 페인트 사업을 해 번 돈 모두를 투자하여 1996년에 개관한 사설 박물관이다. 20여 년 동안 수집한 5000여 점 중 3000여 점을 전시하고 있다. 강해중 관장은 평생을 화석과 함께 살아온 사람이다. 7번 국도에 사비로 전시관을 세운 것도 대단하고, 전시 화석의 엄청난 규모도 놀랍다.

삼사 해상공원에는 경북대종慶北大鐘이 있어 세모歲暮나 새해를 보내

팔각산 입구

는 가족 단위 관광객이 즐겨 찾는다. 삼사三思란 세 번 생각한다는 뜻이다. 이곳은 살기 위해 들어오면서, 살아가면서, 살다가 떠나면서 세 번을 생각해도 모두 만족하는 곳이라서 삼사라 한다. 어디에 살든 만족할 줄 알면 거기가 바로 지족知足의 세상, 즉 부처의 경지가 된다.

이어 도착한 강구항은 겨울이면 오징어가 여기저기서 맨몸으로 바닷바람을 맞으며 깊은 맛을 몸속에 갈무리하는 고장이다. 경북 청도는 소가 감을 물고 돌아다니는 고장인데, 여기 강구는 개가 대게를 물고 돌아다니는 곳이라 한다. 강구항으로 가다가 새마을 금고 옆길을 따라가면 '빛과 바람의 길'이라는 블루로드 A코스가 시작된다. 금진 구름다리를 지나 고불봉에서 덕곡리 풍력 발전소로 내려서면 신득청申得淸의 가사 문학비와 윤선도 시비를 지난다. 이어서 바다 쪽을 향해 하산하면 영덕 해맞이 공원이 있다.

고래불대교

차유마을의 대게

목은 이색 선생 기념관

영덕 '블루로드' 표지판(해파랑길 영덕구간은 '블루로드'로 부른다)

해맞이 공원에서 경정리로 가다가 대게 원조마을 비석이 있는 차유마을을 지나 죽도산으로 가는 길은 해파랑길의 백미라 할 정도로 아름다운 경치를 뽐내는 곳이다. 죽도산의 작은 대나무는 곧고 단단해서 화살을 만드는데 사용되었다. 등대를 중심으로 둘레길이 잘 정비되어 있고, 죽도산 진입다리도 아름답다.

축산항에서 영양 남씨 발상지를 따라 산을 오르면 봉수대가 있는 봉수산이다. 목은 이색牧隱 李穡 선생이 바다를 구경했다는 상대산을 따라 '사색의 길'을 걸어 내려가면 목은 이색 기념관을 지나 괴시리 전통마을에 도착한다. 괴시리 마을 앞의 오십천을 따라 바다 쪽으로 나가면 명사 20리로 유명한 고래불 해수욕장에 이른다. '고래불'이란 고래가 뛰어노는 바다란 뜻을 지닌 경정鯨汀의 순우리말로 이색 선생이 상대산 관어대觀魚臺에서 바다에 고래가 뛰어노는 모습을 보며 붙인 이름이다.

고래불 해수욕장에서 병곡면의 '휜돌로', 또는 7번 국도를 따라 칠보산 수련원 입구를 지나면 금음리까지 영덕 구간이다. 이 구간은 '쪽빛 파도의 길'이란 이름을 갖고 있는데, 블루로드 D코스로 조성 중이다. 영덕의 블루로드가 주로 산행 길로 만들어졌으니, D코스는 이 길의 이름에 걸맞게 바다 경치를 온전히 감상할 수 있는 길이 되었으면 한다.

그 외에도 영덕에서 반드시 가 보아야 할 곳이 옥계 계곡이다. 청송 주왕산과 포항 내연산 합수 지점에 형성된 옥계 계곡은 깨끗하고 아름다운 곳이어서 옥계선경玉溪仙境이라 불린다. 옥계 계곡의 팔각산은 여덟 봉우리로 이루어져 있어서 붙은 이름으로 암릉미가 뛰어나다. 침수정枕漱亭에서 휴식을 하면 신선이 된 듯한 느낌을 받는다. 계곡물은 오십천五十川이 되어 영덕으로 흘러내리고 여름이면 은어가 모천회귀한다.

게 이야기
-차유車蹂 마을에서

시작은 아리송하고 끝은 더더욱 알 수 없는 싸움이다. 밑도 끝도 없는 전쟁터에서 없는 배알이 꼴리지만, 아픔이 없는 것처럼 살아가는 삶이다. 연한 속살을 숨기려 갑옷처럼 무장을 하고 두 팔을 무기삼아 항거해 보지만 처음부터 결과가 너무나 뻔한 가당치 않은 싸움이다. 호기를 부리며 옆걸음 쳐보지만 내 무기, 내 갑옷으로는 어차피 견딜 수 없는 모진 풍파세월이다. 습관처럼 남의 다리를 잡아당기며 물귀신 작전을 펴지만 피할 수도 벗어날 수도 없는 전쟁터다. 친구들도 내 비상飛翔을 가만두지 않고 끊임없이 다리를 잡아당기며, 이 진흙탕 속에서 같이 싸우자 하니 어쩔 수 없는 노릇이다. 오늘도 피 터지는 싸움을 준비할 수 밖에…. 그러나 창자가 없기에 창자 끊어지는 아픔 없이 살아가니 얼마나 행복하냐?

사람들은 꽃게장은 6월에 잡은 암게로 담근 것이 맛있고, 털 많은 참게장은 가을에 담근 것이 맛있고, 대게는 겨울을 넘기고 속이 꽉 찬 박달대게가 제일 맛있다 한다. 게는 창자 없는 무장공자無腸公子이니 창자 끊어지는 아픔 없이 살아간다. 게는 무거운 등딱지를 갑옷처럼 이고, 모진 풍파가 몰아치는 전쟁터에서 기개 있게 옆걸음 치는 용감한 무사다. 용왕 앞에서도 두 팔을 창 삼아 번뜩이며 옆걸음 치던 게가 아니었더냐?

가만히 생각해보면 내 아버지가 그렇게 살아왔고, 내가 그러하고,

내 아들이 그렇게 살아가리라. 시인 안도현은 '스며든다는 것'(『간절하게 참 철없이』 창비)에서 이렇게 말한다.

꽃게가 간장 속에
반쯤 몸을 담그고 엎드려 있다
등판에 간장이 울컥울컥 쏟아질 때
꽃게는 뱃속의 알을 껴안으려고
꿈틀거리다가 더 낮게
더 바닥 쪽으로 웅크렸으리라
버둥거렸으리라 버둥거리다가
어찌할 수 없어서
살 속에 스며드는 것을
한때의 어스름을
꽃게는 천천히 받아들였으리라
껍질이 먹먹해지기 전에
가만히 알들에게 말했으리라

저녁이야
불 끄고 잘 시간이야

게는 횡행거사橫行居士라 하여 옆걸음으로 돌아다닌다. 그래서 비틀걸음을 걷는 상놈이라 부르기도 한다. 게는 껍질에 싸여 있기에 곽선생郭先生이라 부르기도 하고, 창자가 없다 하여 무장공자無腸公子라 부르기도 한다. 창자가 없으니 창자 끊어지는 아픔 없이 살아갈 수 있어 좋긴 하겠다. 게는 남의 다리를 잡는데 선수다. 아무리 낮고 물이 넘치는 곳에 넣어두어도 도망갈 염려가 없다. 한 마리가 밖으로 나오려 하

영덕대게 조형물

영덕대게

홍게

영덕군 축산면 경정2리 차유(車踰)마을의 대게 원조마을 표지석면 다른 게가 다리를 잡아당긴다. 인간 세상과 다를 바가 없다.

게에는 키토산이 많이 들어 있다. 키토산은 암을 예방하고 혈압, 콜레스테롤 수치를 낮춘다. 빈혈, 변비, 당뇨병, 간장 질환 예방에도 효과가 뛰어나다. 키토산은 게 살보다 게 껍질에 더 많이 함유되어 있어 껍질을 말려 소, 닭, 돼지 사료로 사용하면 소젖이나 달걀, 고기 맛이 좋아진다. 감자, 고구마, 고추, 포도 등에 거름으로 쓰면 이들 농작물이 각종 질병에 견디는 힘을 강하게 하여 수확량이 증가하고, 맛도 좋아진다는 것이 입증되었다.

고려 태조 왕건에게 대게를 진상했다는 기록에서 보듯이 영덕 대게는 천 년 이상의 전통을 자랑한다. 무화잠이나 신바위, 왕돌잠이라는 소위 '대게 벨트'에서 잡히는 대게는 미식가의 입맛을 사로잡는 겨울 특미가 되었다. 공급 수량이 줄어들자 대체용으로 멀리 러시아에서 게를 수입하기도 한다.

서해에서 잡히는 꽃게는 워낙 고가의 수출품이어서 봄이면 꽃게 전쟁이 일어나기도 한다. 주된 어장이 연평도 근처 NLL지역이어서 꽃게잡이 철이 되면 남북 간에 긴장이 높아지기도 한다. 꽃게 전쟁이 영토 전쟁이 되는 것이다.

하천에서 살아가는 참게는 다리에 털이 많다. 섬진강 하류 하동지역에서 많이 잡히는 참게는, 논둑이나 밭두렁에 구멍을 파고 살아가기도 한다. 참게는 지금 양식이 가능하다. 대게든, 꽃게든, 참게든, 맛이 좋아 찾는 사람이 많다. 맛이 좋으니 가격이 만만치 않은데도 수요는 점점 늘어만 간다.

영덕군 축산면 경정 2리에는 대게 원조마을인 차유車踰마을이 있다. 근처 지형이 소 등에 얹은 안장을 닮았다 해서 차유마을이라 하는데,

그 앞에서 게 같은 생각을 한다. 그리고 밑도 끝도 없이 싸우고 있는 모든 분들께 게 요리 한 접시와 술 한 잔을 바친다.

삶의 시작이 어떠하였는지, 삶의 끝이 어떻게 될지 생각하지 말고 모두 열심히 피 터지게 싸우시라. 밑도 끝도 없이 싸우는 게 우리 삶이 아니겠는가?

영덕 해맞이광장의 게 조형물

삶의 시작이 어떠하였는지, 삶의 끝이 어떻게 될지
생각하지 말고 모두 열심히 피 터지게 싸우시라.
밑도 끝도 없이 싸우는 게 우리의 삶이 아니겠는가?

역대전리가歷代轉理歌 -가사문학의 효시

시가문학詩歌文學은 신라 향가, 고려 속요, 조선 시조와 가사를 포괄하는 말이다. 신라의 이두식 향가는 고려 시대에 기록한 것이고, 고려 속요는 한글 창제 이후에 기록한 것이다.

고려 속요는 '남녀상열지사男女相悅之事'를 주제로 하기 때문에 성리학을 기본으로 하는 조선시대에 '사리부재邪理不載'라 치부하여 많이 소실되었다. 조선 시가의 쌍벽을 이루는 시조와 가사는 면면히 이어져 오늘에 이르는데, 시조의 일반적인 형식은 고려 말기에 성립된 것으로 보인다. 시조는 초장, 중장, 종장 3장으로 된 3행시로 단순한 구조 때문에 정서 표현에 많은 제약이 있었다. 조선 후기가 되면 사설시조가 나와 길어지지만, 시조는 음악과 결부되어 창으로 불러야 하는 등의 한계가 있어서 민중들의 사랑은 받지 못했다.

가사는 시조와 더불어 시가문학의 쌍벽을 이루는데, 기행문이나 수필처럼 길이 제한이 없어 개인의 정서를 마음껏 표현할 수 있었다. 가사문학의 효시嚆矢는 정극인丁克仁의 '상춘곡賞春曲'으로 보지만, 상춘곡이 아주 정제되어 있기 때문에, 효시란 주장이 의심을 사기도 한다. 그래서 고려 말 나옹화상懶翁和尙의 '서왕가西往歌'나 신득청의 '역대전리가歷代轉理歌'를 가사문학의 효시라 하기도 한다. 가사문학은 송순의 '면앙정가俛仰亭歌'를 징검다리로 해서 정철의 관동별곡關東別曲, 사미인곡思美人曲, 속미인곡俗美人曲이나 윤선도의 어부사시사漁父四時詞, 박인로의 태평사太平詞, 선상탄船上嘆, 허난설헌의 규원가閨怨歌 등으로 발전하여 조선 후기, 개화기의 여러 작품으로 확대된다. 가사는 한문학에서는 사

신득청 선생 '가사문학비' 안내 표지판(고산 윤선도의 시비도 있다)

고불봉 가는 길에 있는 해파랑길 표지판

해맞이공원 가는 길 표지판

'가사문학비'에서 본 영덕풍력발전소 모습

辭, 부賦, 서序, 기記 등에 해당하고, 현대문학에서는 감상문이나 수필문, 기행문에 해당한다 할 것이다.

신득청申得淸은 고려 말 대학자로 왕의 실정을 간하다가 영해에 퇴거하여 유유자적했다. 그는 고려가 망하자 동해에 뛰어들어 순사殉死하는 절개를 보여주었다. 평산 신씨申氏는 신숭겸 장군을 시조로 한다. 신득청은 고려 건국 최대 공신이라 할 조상을 볼 면목이 없다며, 후손들에게 평산 신씨 대신 영해 신씨로 쓰고 시대가 바뀌면 환본還本하라 당부하였다. 후손들이 그 유지를 받들어 700년의 세월이 흐른 1980년에 영해 신씨와 청송의 판사공파가 다시 평산 신씨로 환본하였다.

신득청이 역대전리가歷代轉理歌를 쓴 해는 1371년으로 공민왕 20년이 된다. 한글 창제 이전이니 원문은 한문이지만, 토는 이두로 썼다. 고려 말 신돈의 전횡을 탄핵하고, 중국 역대 제왕의 흥망성쇠를 4·4조 가사체로 써서 왕의 실정을 바로잡고자 했다.

블루로드 A코스는 '빛과 바람의 길'이다. 고불봉 정상을 지나 하산길에 덕곡리 풍력 발전소를 지나면 신득청의 가사문학비가 세워져 있고, 역대전리가가 오석烏石에 새겨져 있다. 그 옆에는 윤선도의 유배 시절을 기념한 시비가 세워져 있다. 이곳 사람들이 영덕을 가사문학의 산실産室이라고 주장하는 이유가 여기에 있다.

PART 6

울진 구간

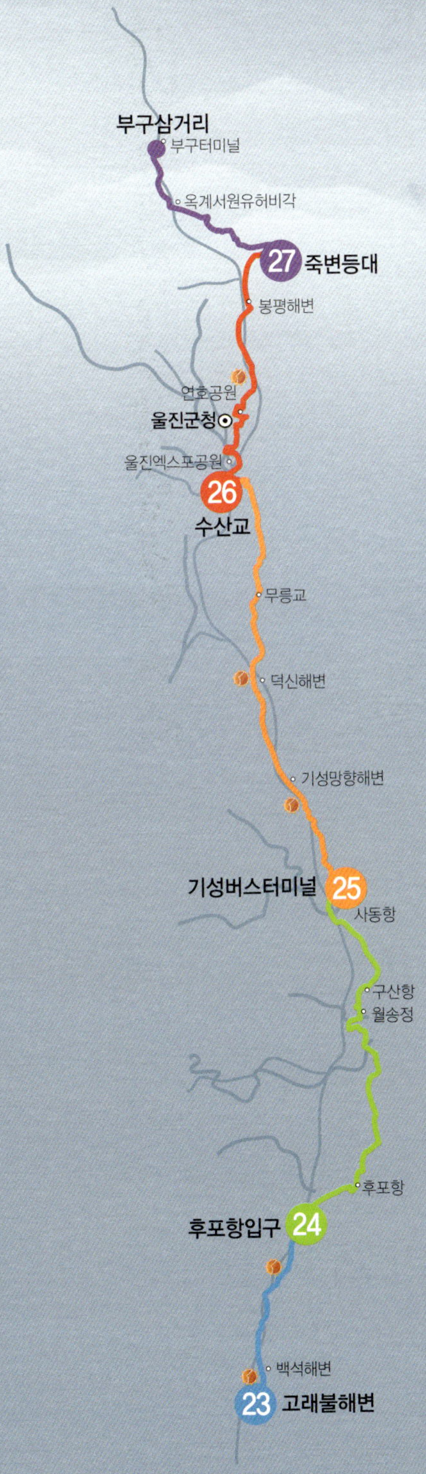

23코스
고래불해변~후포항입구
총거리 10.1km/소요시간 3시간 30분

24코스
후포항입구~기성버스터미널
총거리 19.8km/소요시간 6시간 50분

25코스
기성버스터미널~수산교
총거리 23km/소요시간 7시간 30분

26코스
수산교~죽변등대
총거리 16.2km/소요시간 5시간 40분

27코스
죽변등대~부구삼거리
총거리 9.2km/소요시간 3시간

해파랑가게

개관 신선이 놀던 땅, 울진

해파랑길 울진 구간은 후포면 금음리에서 북면 덕구리까지 80km 구간이다. 영덕 구간의 고래불 해수욕장을 지나 쭉 뻗은 영덕군 병곡면의 7번 국도를 지나면 울진이 된다. 삼척과 한 생활권으로 취급받는 울진은 예전에는 강원도에 편입되어 있었다.

울진의 통행방법은 남북으로 뻗은 7번 국도를 타고 북쪽인 삼척·강릉으로 가든가, 아니면 남쪽인 영덕·포항으로 가는 방법이 있다. 서쪽으로 금강소나무 숲길이라 알려진 십이령을 넘어 봉화군으로 빠져나가는 내륙 길도 있다. 십이령 옛길은 보부상들이 넘던 길로서 울진내성길이라 부르기도 한다(내성은 봉화의 옛 이름이다).

울진은 오지奧地다. 도로 사정이 많이 좋아진 지금도 서울에서 5시간 정도 걸린다. 지금은 대구-포항 간 고속도로와 포항-울진 간 7번 국도가 확장되어 대구에서 3시간 정도 거리가 되었지만 왕복으로는 하루 거리다.

전국을 잇는 도로가 건설되어 이제는 울진을 찾는 사람이 많아졌다. 도시 생활의 피로를 풀 힐링 장소를 찾는 사람들이나 때 묻지 않은 경치를 즐기려는 사람들이 사시사철마다 찾아오는 울진이 된 것이다. 울진에서 눈여겨보고, 생각해야 할 것을 나열하면 다음과 같다.

1. 삼한 시대에서 신라 초까지 존재한 실직국悉直國 이야기
2. 죽변의 봉평 신라비
3. 봉화로 넘어가는 십이령 고개와 금강송金剛松 군락지

4. 덕구 온천

5. 월송정越松亭과 망양정望洋亭의 바다풍광

6. 수토사搜討使가 바람이 순조롭기를 기다리던 대풍헌待風軒

7. 대풍헌 앞바다 20km 지점의 왕돌초와 대게竹蟹

8. 울릉도鬱陵島와 독도獨島

9. 왕피천과 불영계곡, 불영사佛影寺

10. 남사고南師古유적지, 성류굴, 백암온천, 백암산, 울진 원전蔚珍原子力發電所 등등

여행의 큰 즐거움 중 하나는 맛집을 찾는데 있다. 동해에서 잡은 모든 해산물이 거래된다는 후포항이나 죽변항에서 먹는 대게와 각종 해산물은 여행을 더욱 즐겁게 해 줄 것이다. 울진 구간 북쪽 끝에 자리 잡은 고포 해변(고포리는 행정구역으로는 삼척시 원덕읍에 속해 있다)의 미역 또한 빼놓을 수 없는 울진의 맛이다. 그 외에도 많은 것들이 있지만, 해파랑길에서 함께 한 것을 몇 가지 적어 본다.

삼한 시대부터 신라 초기까지 울진, 삼척 지역에는 실직국悉直國이 존재했다. 동예족東濊族이 세운 것으로 보이는 실직국은 안강·영덕 지역에 있던 음즙벌국音汁伐國과 영토 분쟁에 휘말린다. 당시 부족연맹체 중에서 영향력을 행사하던 사로국왕新羅王과 가야 김수로왕이 영토 분쟁을 중재한 사료가 남아 있다. 신라 지증왕 시절에 실직국 왕과 태백산에서 제사를 지냈다는 사실이 남아 있고, 죽변의 봉평 신라비도 실직국의 존재를 확인해 준다. 봉평 신라비가 법흥왕 때 세워졌으니 실직국은 최소한 4세기까지 존재한 고대국가라 할 수 있다.

실직국 마지막 왕이 안일왕安逸王이다. 안일왕이 도망간 마을이 왕피리王避里고, 왕이 도망쳐 건넌 개울이 왕피천王避川이다. 서면과 북면에

후포항 전경

는 아직도 안일왕성安逸王城 터가 남아있어 희미하게나마 옛 실직국의 존재를 보여주고 있다.

1988년 죽변면 봉평리에서 봉평 신라비가 발견되어 국보로 지정되었다. 비에 새겨진 397자가 원형 상태로 남아 있어 당시 관직이나 신라 내에서 울진이 차지하는 위상을 가늠할 수 있게 되었다. 또 법흥왕 시절 신라의 행정조직과 생활상生活相을 알 수 있게 되었다. 봉평비는 봉평 해수욕장 앞 해파랑길에서 200m 정도 떨어져 있어 쉽게 접근할 수 있고, 봉평비 기념관에는 광개토왕비廣開土王碑나 순수비巡狩碑 등의 모각작품模刻作品도 함께 전시되어 있다. 전각篆刻, 서예書藝에 관심이 있거나 역사를 탐구하고자 하는 여행자라면 꼭 돌아보아야 할 곳이다.

봉평비 전시관에 있는 광개토왕비(廣開土王碑)와 순수비(巡狩碑) 등의 모각작품(模刻作品)

'봉평신라비' 전시관 전경

울진은 몇 년 전부터 '금강 소나무 숲길' 4구간을 개발하고 있다. 금강 소나무 숲길은 총 연장 70km인데, 그 중 제1구간을 '보부상길' 또는 '십이령길'이라 부른다. 북면 두천 1리에서 출발하여 서면 소광 2리에 이르는 13km 구간은 한적하면서 옛 정취를 느낄 수 있어 개발 초기부터 전국적인 명성을 얻고 있다. 제3구간은 서면 소광 2리에서 금강송 군락지까지 왕복하는 16km 길이다. 제2, 제4구간도 지금 한창 개발 중이다.

금강송 사이를 불어오는 시원한 솔바람이나 대나무 숲을 쓸며 지나가는 바람은 그 자체로 옛 선비들의 시흥詩興을 불러일으킬 만큼 그윽한 정취를 자아낸다. 십이령길을 걸으면 자연의 소리를 마음껏 들을 수 있어 도시생활에 찌든 정신을 맑게 할 수 있고, 피로를 날려 버릴 수 있다. 근처 응봉산 중턱에 있는 덕구온천에서 용출湧出하는 물로 즐기는 겨울온천도 잊을 수 없는 울진여행의 추억을 만들어 줄 것이다. 도시생활에서 지친 마음을 치유하는데 온천탕에 몸을 맡기고 느긋하게 하룻밤을 보내는 것보다 좋은 것이 어디에 있을까? 일박이 어렵다면 울진 북면의 사기점 고개 북쪽에서 시작하여 봉화군 석포면을 연결하는 열두고개길 걷기를 적극 추천한다. 열두고개란 쇠치재, 세고개재, 바릿재, 샛재, 너삼밭재, 저진터재, 새넓재, 큰넓재, 고채비재, 멧재, 배나들재, 노룻재이다. 울진의 해산물을 지고 봉화군 석포면을 넘던 보부상들의 옛 길을 따라 그들의 애환哀歡을 떠올리며, 때 묻지 않은 자연과 함께 걷는 십이령길은 오랫동안 지워지지 않을 추억을 남겨줄 것이다.

울진군 후포면 앞바다 23km 지점에는 거대한 수중 암초水中暗礁가 있다. 남북으로 길게 뻗은 거대한 수중 암초가 왕돌초인데, 울진 사람들은 왕돌잠(짬)이라 부른다. 주변 수심이 1500m가 넘는데 비해 왕돌초의 평균 수심은 50m 정도이다. 수심이 얕고 한류와 난류가 만나는 지점이어서 다양한 해양 생물이 서식하고 있다. 대게竹蟹는 대나무 마디를 닮았다 해서 붙은 이름이다. 대게는 거의가 울진 후포 앞바다 왕돌초 구역, 영덕 축산항 앞바다 신바위 주변, 포항 칠포 앞바다 무화잠 지역에서 잡힌다. 한류와 난류가 교차하는 수온 10도 이하의 수심이 얕고 영양소가 풍부한 모래바닥인 왕돌잠, 신바위, 무화잠에서 대게를 잡으니 이 구역을 묶어서 '대게 벨트'라 부른다.

바다에 경계선이 있는 것은 아니니 영덕대게니 울진대게니 분류할 필요는 없다. 어디서 먹든 대게는 대게 맛이다. 껍질을 모두 발라서 먹고, 게장을 모아 참기름 몇 방울에 김과 김치를 넣어 밥을 비벼먹는 맛은 정승의 밥상이나 진배없다는 생각이 든다. 영덕 사람들은 고려 태조 시절부터 대게를 먹었다는 역사적인 기록이 있으니 자기네가 원조라고 한다. 울진 사람들은 왕돌초 면적이 넓고 자기네가 잡는 대게가 더 많으니 울진 대게라 우긴다. 영덕에서 출어해 강구·축산항에서 팔면 영덕 대게가 되고, 울진에서 출항해 죽변·후포항에서 팔면 울진 대게가 된다. 서로 원조고 서로 최고라 하니 나 같이 게 좋아하는 사람은 그저 파는 사람들의 말에 고개를 끄덕이면서 게를 즐길 수밖에 없다. 대풍헌 앞 구산항에서 왕돌초까지 30분이면 갈 수 있는데, 이곳은 황금 어장이어서 부시리나 대방어를 낚는 조사釣士들이 즐겨 찾는 곳이기도 하다.

우리가 즐기는 대게는 일정 이상 체장體長을 가진 수컷이다. 암컷은 수컷보다 크기가 작고 빵처럼 생겼다 해서 빵게로 부르는데, 게 자원 보호를 위해 포획을 금하고 있다. 옛날에는 배에 붉은 알이 수북한 시원한 빵게탕을 안주삼아 먹었다. 속이 꽉 찬 박달대게는 어획량이 감소하여 비싼 게 흠이지만 반드시 먹어 보아야 할 울진의 맛이다.

울진은 역사적으로 울릉도, 독도와 밀접한 관련을 가지고 있다. 서기 512년 신라 장군 이사부가 울진·삼척 지역을 통치하면서 우산국(于山國, 鬱陵島)을 복속시켰다. 조선 시대 성종 때는 삼봉도(三峰島, 獨島)의 존

기성항에 있는 대풍헌(待風軒) 전경.
울릉도를 수토하기 위한 수토사가 바람이 순조로와지기를 기다리던 곳이다.

재를 확인하고 실측 조사를 시행했다는 기록도 있다. 숙종 때는 울릉도·독도가 조선 영토임을 문서로 확인했다. 또 독도 주변 어장에서 왜인의 불법어로 행위를 감시하고, 울릉도 주민들의 현안문제를 해결하기 위해 3년마다 한 번씩 수토사搜討使를 파견했다. 수토사란 찾아서 토벌하는 일을 담당하던 중앙 관리인데 그가 울릉도로 가기 위해 바람이 순조로워지기를 기다리며 묵은 곳이 대풍헌待風軒이다. 현재 기성면 구산항龜山港 해파랑길 옆 골목 안에 있는 대풍헌은 울진 여행에서 꼭 들러 보아야 할 역사적인 장소이다.

또한 수색하여 토벌할 구체적인 내용을 적은 책인 절목節目과 주변 백성들에게 물품 지원을 구체적으로 지시하며 발급한 문서인 완문完文도 남아 있으니 관심을 가지고 확인해 볼 일이다. 울진에서 열리는 수토사의 울릉도 뱃길 재현행사再現行事는 우리가 독도를 실효實效 지배하고 있다고 주장할 좋은 근거가 된다.

독도獨島는 울릉도에서 87km 떨어진 섬이다. 수 많은 봉우리로 이루어져 있는 독도는 동도東島와 서도西島로 나눈다. 동도에는 등대와 해양 수산 시설이 있고, 서도에는 독도에 거주하는 사람들의 숙소가 있다. 독도는 행정구역으로 경북 울릉군 울릉읍 독도리인데, 현재 경비대와 등대 관리원 등 40여명이 거주한다. 일본과 영토 시비가 계속되자 애국심에 불타는 2,000여 명이 독도에 호적을 옮겨 독도의 실효 지배를 공고히 하는데 앞장서고 있다. 일본은 독도 문제를 국제 사법재판소에 영토 분쟁 지역으로 제소하고 한국이 재판에 응해 줄 것을 요구하고 있다. 재판에 응하는 것은 일본인들의 의도에 말리는 것이기 때문에 괜히 긁어 부스럼을 만들 필요는 없다.

다만, 독도 문제를 너무 편협한 시각으로 보고 있는 점은 반성해야 한다. 역사적인 측면뿐만 아니라 독도 주변의 개발이나 명칭 문제에 종합적으로 접근해야 한다.

독도가 중요한 이유는 크게 세 가지다. 첫째가 영토적인 측면이고, 둘째는 주변의 풍부한 황금어장이고, 셋째는 독도 주변 해저에 묻힌 자원이다.

독도 주변의 연안 어장이나 대화퇴 어장大和堆漁場은 북한 한류와 쓰시마 난류가 만나는 지역으로 플랑크톤이 많아 회유성回遊性 어족이 풍부한 황금어장이다. 국내 오징어 어획량의 60% 이상이 독도 주변 어장과 대화퇴에서 잡힌다. 오징어뿐만 아니라 명태, 대구, 연어, 광어, 가오리, 홍게, 대게가 잡히는 대화퇴는 일본 군함 야마토호大和號가 그 존재를 확인했기에 야마토퇴大和堆라 불린다. 슬픈 일이다. 삼봉퇴三峰堆나 독도퇴獨島堆로 부르지 못하는 현실이 안타깝다.

독도 주변 해저에 묻힌 엄청난 양의 하이드레이트도 적극 개발해야 할 자원이다. 메탄가스가 얼음처럼 굳어 고체화한 것이 하이드레이트다. 하이드레이트는 에너지 문제가 심각한 요즘 엄청난 매력이 있는 개발 자원으로 꿈의 연료라 부른다. 하이드레이트가 매장된 곳 주변은 석유 매장 가능성도 높다.

그 외에도 신선이 살던 땅 울진에서 보아야 할 곳이 많다. 조선 최고의 풍수쟁이라 불리는 남사고南師古 유적지도 둘러보아야 하고, 성류굴이나 백암온천도 가 보아야 한다.

백암산白巖山은 해발 1,000m가 넘는 평평한 육산肉山인데, 정상에서 바라보는 동해의 모습이나 태백산 자태가 장관이다.

성류굴聖留窟은 불영 계곡 부근에 있는 석회암 동굴이다. 원래 신선들이 놀던 곳이라 선유굴仙遊窟이라 불렀는데, 임진왜란 때 불상을 굴 안에 피신시킨 데서 성류굴이라 부르게 되었다. 왕피천이 휘감아 흐르는 선유산 기슭에 있는 이 동굴에는 물웅덩이인 동굴 호소湖沼, 고드름처럼 생긴 종유석鐘乳石, 땅에서 돌출해 자란 석순石筍, 종유석과 석순이 만나 기둥을 이룬 석주石柱 등 다양한 동굴 생성물이 있다. 성류굴은 천연기념물로 지정된 울진의 관광 명소다.

월송정越松亭 주변에는 평해 황씨黃氏 시조를 모신 사당이 있는데, 주변 연못에는 여름이면 연꽃이 만발하여 자태를 뽐낸다. 사당을 지나 소나무 숲길을 따라 월송정으로 가는 길은 신라 화랑으로 신선이 된 사선(四仙-영랑, 술랑, 남석, 안상)이 놀던 솔밭이다. 솔밭을 걷노라면 내가 마치 신선이 된 듯한 착각이 든다. 월송정은 달빛이 아름답기로 유명하다. 안내판에는 중국 월越나라에서 가져온 소나무를 심었다 해서 월송정이라 부른다는데, 신빙성은 부족해 보인다. 월송정 해송海松 숲에 앉아 달밤에 김종서의 시 '바다 위에 솔이 있고, 솔 위에 달이 있으니…'를 읊조리며 솔바람 소리를 들으면 옛사람의 정취情趣를 절로 느낄 수 있다.

월송정 옆의 소나무 숲길

월송정

망양정

소나무 사이로 불어오는 바람, 대나무 잎을 쓸고 지나가는 바람은 원래 정취가 그윽해 시심詩心을 자극하지 않는가? 돌에 새겨진 백암 이행李行의 시를 읽으며 월송정 마루에 올라, 까마득히 잊고 지내던 시심詩心을 불러와도 좋을 것이다. 아니면 마음 통하는 정인情人과 배반杯盤이 낭자狼藉할 때까지 마시다 난간欄干에 기대어 눈을 감으면, 선계仙界의 신선들이 나를 반길 게 아닌가? 달빛을 보며 월송정에 오르면 사선四仙이 저 멀리 바다에서 날아와 손짓할 것이다.

월송정 앞에 새겨진 백암 이행의 시 '평해 월송정平海 越松亭'은 이러하다.

동해 밝은 달이 소나무에 걸려 있네
소를 타고 돌아오니 흥이 더욱 깊구나
시 읊다가 취하여 정자에 누웠더니
선계의 신선들이 꿈속에서 반기네

관동팔경의 하나인 망양정望洋亭은 어떠한가? '관동별곡關東別曲'에서 송강 정철鄭澈이 읊은 것처럼, 정자 난간에 기대어 '바다 밖은 하늘이요 하늘 밖은 무엇인지' 넋을 잃고 바라보고 싶다. 만경창파萬頃蒼波 일렁이는 바다를 마주하고 무심히 오가는 고깃배나 갈매기 떼를 보노라면 밤이 올 것이다. 편액扁額으로 정자에 걸어둔 관동별곡의 마지막 구절을 읊조리며 주변 공원을 산책해도 좋을 것이다.

울진 망양정에 밤이 오면, 국자처럼 생긴 북두칠성 잔盞에 창해수滄海水 술을 가득 부어 두어 잔 마시고, 바람이 불어올 때를 기다려 겨드랑이를 치켜들고 날개 삼아, 구만리 창천蒼天을 날아가는 신선神仙처럼 아득한 하늘을 날아보고 싶다.

소나무 사이로 불어오는 바람, 대나무 잎을 쓸고 지나가는 바람은 원래 정취가 그윽해 시심詩心을 자극하지 않는가?

격암 남사고格菴 南師古

격암 남사고는 16세기에 살았던 인물로 명리와 풍수의 대가다. 어릴 때 서당 가는 길에 여우가 변신한 처녀와 입맞춤하면서 여우가 물고 있던 입 속의 구슬을 빼앗은 후부터 여러 재능이 수승殊勝하게 되었다는 일화가 전해 내려온다. 혹은 울진 불영사에서 비범한 스님과 바둑을 두면서 풍수의 비기秘記를 전수받았다는 얘기도 전한다. 지어낸 이야기지만, 그 모두는 남사고가 명리와 풍수의 대가라는 사실을 간접적으로 말하고 있다.

명종 말년에 동인과 서인의 분당을 예견했고, 임진년에 살기殺氣가 심히 악하니 조심하라고 경고하여 임진왜란의 발발을 예언했다. 최초로 한반도 지형이 호랑이 형상이라 얘기한 이도 격암이다. 포항 '호미곶虎尾串'도 그가 지은 이름이다. 일제의 한국혼 말살정책으로 이십여 년 전까지만 해도 토끼 꼬리나 장기곶長鬐串으로 불린 곳을 오백 년 전에 호랑이 꼬리인 호미곶이라 이름 지었으니, 그 안목에 놀랄 수밖에 없다.

풍수학자들은 격암 남사고를 역학易學과 천문天文, 복서卜書, 풍수風水의 종주宗主로 여긴다. 하지만, 그의 생애는 짐작과 달리 그다지 순탄치 않았다. 천기天機를 읽고 다른 사람의 길흉화복吉凶禍福을 예언한 사람이 순탄치 않은 삶을 살았다는 것이 의아하긴 하다.

본관이 영양인 남사고는 지금의 울진군 근남면 출신이다. 그가 지었다는 『격암유록格菴遺錄』은 원본은 없어지고 필사본만 겨우 전할 뿐이다. 임진왜란과 병자호란 이후 흉흉한 사회 분위기에서 민초들이 『정감록』이나 『격암유록』에 비상한 관심을 둔 것은 당연하다. 왕조의 힘이 약해지고 백성들의 삶이 어려워지면 사람들은 명당이나 십승지十勝地, 계룡산 천도설遷都說, 정도령의 왕조출현설王朝出現說, 해도출병설海島出兵說 등 현실도피나 현실부정을 하는 말에 흔들릴 수밖에 없었다.

조선 후기는 붕당정치의 폐해가 극심했다. 벼슬아치들은 수탈을 일삼았고 백성들은 마땅히 의지할 곳이 없었다. 암담한 현실에서 도피하거나, 기존의 사회 질서를 불신하며 내세를 추구하는 풍수나 복서가 판을 칠 수밖에 없는 시대 상황이었다. 그러한 시대 상황이 격암 남사고를 허황한 풍수쟁이로 마구 부풀려 놓았다.

찬찬히 살펴보면 격암은 현실 문제를 고민한 흔적이 역력해 역술가보다는 유가의 풍모가 더 강한 인물이다. 그는 풍수의 대가였지만 부모를 모실 명당을 찾아 아홉 번이나 이장한다. 마지막에는 명당, 즉 발복처發福處를 찾겠다는 욕심을 버리고 해 없는 묘터인 무해지지無害之地를 찾아 선친 묘를 이장移葬한다. 처음에 구룡탐주(九龍貪珠, 아홉 마리의 용이 서로 여의주를 탐하는 명당) 형상에 묘를 정했지만 다시 돌아보니 구사쟁와(九蛇爭蛙, 아홉 마리 뱀이 개구리를 먹기 위해 다투는 형편없는 묘터) 형상이었고, 마지막 아홉 번 째 이장할 때는 비룡상천(飛龍上天, 용이 날아 하늘로 올라가는 형국의 명당)하는 땅에 유골을 안장하고 돌아서서 다시 보니 고사괘수(枯蛇掛樹, 죽은 뱀이 나무에 걸려있는 모양의 묘터) 형국이라는 것을 알게 된다. 풍수에서는 열 번 이장을 금한다. 더 이상 천장遷葬하면 집안이 패절敗絶, 패망敗亡한다는 대원칙이 있기 때문이다. 그래서 그는 발복처發福處 찾는 것을 포기하고 무해지지無害之地를 선택하게 된다.

명당이란 발복發福하는 곳을 말한다. 조상 묘를 좋은 혈穴이 맺힌 곳에 쓰게 되면 후손이 입신양명立身揚名하고 부귀영화를 누린다는 말이다. 이는 죽은 자와 동기감응同氣感應을 생각하는 동양적 사고이고, 한국적인 조상숭배법이다. 개인의 발복이라는 이기적인 사고에서 출발하는 명당론名堂論은 풍수사상의 한 면을 차지하고 있다.

남사고 유적지(울진군 근남면 수곡리)

풍수는 장풍득수藏風得水의 준말이다. 바람을 잡아두고 물이 들어오고 나가는 것을 살펴 집터와 묘터를 정하는 한국적인 사상이다. 풍수는 신라 말 도선 국사를 비조鼻祖로 한다. 바람이 지나가는 길이 아니라 들어와 굽이치는 안온한 공간에, 물이 흘러들어 빠져나가는 형상을 살펴 물길이 아닌 곳에 집터나 묘터를 정하는 것은 당연한 것이다. 전후에 주산主山, 안산案山이 있고, 좌우에 청룡과 백호가 분명하면 명당이 된다. 전후좌우가 모두 후손들에게 의미 있는 발복發福을 한다는 것이다. 좌청룡左青龍, 우백호右白虎, 전주작前朱雀, 후현무後玄武라는 사방에 있는 별자리를 상징한 사신도四神圖가 탈바꿈한 모습이다.

풍수는 집터를 살피는 양택풍수陽宅風水와 묘터를 살피는 음택풍수陰宅風水로 나눈다. 요사이 풍수라 하면 묘터, 즉 음택풍수만 생각하는데 이는 잘못이다. 풍風은 기후와 풍토를 의미하고, 수水는 물과 관계된 모든것을 지칭하므로 풍수의 대상은 현대 지리학의 관심분야와 다를 것이 없다. 양택풍수는 지금도 유효한 건축이론이 되고 있다.

집 근처에 큰 나무가 있으면 피하라.
아이가 새로 태어나면 이사하지 말라.
골짜기나 언덕에 집을 짓지 말라.
집 천장이 낮으면 집안이 번영하지 못한다.
대지와 건물의 크기는 균형을 이루어야 한다.

남사고는 묘터에 집착한 풍수쟁이나 지관地官은 아니었다. 그는 모든 명당은 주인이 따로 있고, 죽어서 그곳에 들려면 생전에 무수한 적덕積德을 하고 효성이 지극해야 한다고 말하고 있다. 그는 이기적인 발복을 위해 살아온 묘터잡이 풍수쟁이가 아니라, 이타적인 발복이나 기문둔갑에 관심이 많았던 당대의 지식인이었다. 십승지만 해도 그러하다. 풍기, 화산, 보은, 예천, 운봉, 공주, 영월, 무주, 부안, 가야산이 그가 말한 십승지十勝地인데, 지금도 도시생활에 염증을 느낀 중·장년층이 앞 다투어 귀농하는 곳이 아닌가?

남사고는 기문둔갑에 관심이 많았던 깨친 사람이었다. 『삼국지』에 등장하는 제갈공명이나 한고조를 도운 장자방은 기문둔갑의 대가다. 기문둔갑奇門遁甲이란 천재지변, 나라의 대소사와 길흉을 예측하는 미래학이다. 자연 현상을 관찰해 명당이나 십승지를 얘기하는 남사고의 생애를 살펴보면 그가 당시의 모든 학문을 아우른 통섭統攝의 대가라는

남사고유적지에 가을이 깊어가고 있다.

생각이 든다. 영양, 울진지방에 전해 오는 '구천십장九遷十葬 남사고야네 재주 자랑 말아라' 라는 민요 구절이나 '주주객반主酒客飯' 일화, '고시래'의 유래 등에는 남사고의 예언자적인 풍수쟁이의 모습이 강조되고 있다. 남사고의 사상과 삶의 궤적을 정확히 살펴 진정한 평가를 내려야 할 것이다.

터미널 근처에서 하룻밤을 묵었다. 유난히 더운 여름이다. 매일 37도를 웃도는 기록적인 더위가 계속되고 있다. 비라도 왔으면 좋겠다고 생각하며 잠이 들었다. 아침에 일어나니 반가운 비가 부슬거리고 있었다. 비 핑계로 해파랑길 걷는 것을 잠시 미루고 격암 유적지를 찾아 내륙으로 발길을 돌린다. 근남면 수곡리에 제법 넓게 자리 잡은 유적지를 돌아보며 남사고의 생애를 더듬어 본다. 지관이 아니라 선비로 부침을 겪으며 63세로 타계한 그의 생애가 결코 순탄치 않았음을 온몸으로 느낄 수 있었다.

PART 7

삼척 구간

28코스

부구삼거리~호산버스터미널

총거리 12.6km/소요시간 3시간 30분

29코스

호산버스터미널~절터골

총거리 9.7km/소요시간 4시간

30코스

절터골~공양왕릉입구

총거리 14.7km/소요시간 5시간 30분

31코스

공양왕릉입구~덕산해변입구

총거리 9.8km/소요시간 3시간 50분

32코스

덕산해변입구~추암해변

총거리 22.3km/소요시간 7시간 50분

해파랑가게

개관 수로 부인과 이사부 장군의 땅, 삼척

강원도 삼척은 해파랑길 중에서 풍광이 아름답고, 포구마다 옛 정취가 고스란히 남아 있어 다시 가 보고 싶은 곳이다. 강릉, 속초와 달리 번잡하지도 않고, 이름 없는 포구처럼 외롭거나 쓸쓸하지도 않다. 삼척에 들어서면 영덕을 지나 울진부터 조금씩 바뀌던 풍경이나 바다 물색이 완연히 달라진다. 저 멀리 태백산을 바라보며 울진 원전을 우회하면 부구 해변에 이른다. 거기서 조금만 더 가면 미역으로 유명한 고포 해변이다. 여기부터 삼척 땅이다.

삼척은 원래 넓은 땅이었지만 북평은 동해시에, 장성·황지는 태백시에 각각 편입되었다. 해파랑길 삼척 구간은 대략 60km인데, 원덕–신남–궁촌 해변–공양왕릉–맹방 해변–삼척–추암 해변까지다.

삼척에는 발길마다 삶의 활력을 제공하는 옛 이야기가 숨어 있다. 버드나무 가지가 백 번을 꺾여도 봄이 오면 또 다시 돋아나는 것처럼(柳經百別又新枝, 신흠의 시) 빼어난 바다 경관을 자랑하는 삼척은 나그네의 상상력을 자극하는 얘기가 여기저기서 새롭게 돋아난다.

1. 삼국 시대 이전의 고대국가 실직국悉直國 이야기

2. 이사부 사자 공원–신라 시대에 나무로 깎은 사자를 배에 싣고 울릉도를 정벌하러 삼척항을 출발한 신라 장군 이사부를 기리는 공원이다. 수토사搜討使 이야기와 함께 울릉도, 독도 이야기를 할 수 있다.

3. 삼척영장三陟營將 김연성金鍊成의 고조부는 김한철이고, 의성이 본관인 송호松湖 김한철金漢哲은 퇴계의 외조부이다. 임진왜란 이후 일본으로 돌아가지 못한 무리들이 유민流民들과 울릉도에 소굴을 정하고 변경의 약탈을 일삼았는데, 광해군 5년 삼척영장 김연성이 왕명으로 울릉도를 수토搜討하였다. 그러나 돌아오는 길에 풍랑을 만나 갑사甲士 180명, 포수炮手 80명이 대부분 익사하게 된다. 김연성의 아들 홍의弘義는 장단방어사長湍防禦使로 있다가 아버지의 익사소식을 듣고 바닷가에 빈소를 차려, 밀려오는 파도를 향해 슬픔을 다하고 마침내 세상을 떠나게 된다. 왕명으로 울릉도를 수토한 아버지 김연성의 순국정신殉國精神과 아들 김홍의의 효성孝誠은 오늘까지도 회자膾炙되어 조선 선비의 성성惺惺한 정신을 느끼게 한다.

4. 애국가 첫 구절 '동해물과…'의 배경이 되는 아름다운 촛대바위가 있는 추암錐巖 해변과 인근의 추암 조각공원 그리고 정라항에서 수로부인 공원에 이르는 새천년 해안도로. 도로는 최근 개통되었는데, 걷는 길의 경치가 수려하다.

5. 수로부인 공원–암소를 몰고 가던 노인이 절벽에 올라 꽃을 꺾어 수로부인에게 바치며 헌화가獻花歌를 불렀다. 신라 최고 미인 수로부인은 이틀 후 용에게 납치된다. 마을 장정들은 막대기를 들고 땅을 치며 '해가海歌'를 불러 수로부인을 다시 찾아온다.

6. 삼척시를 가로지르는 오십천을 따라 3km 정도 올라가면 만나게 되는 죽서루竹西樓는 바다 신선들이 용을 타고 와서 놀던 곳이어서 해선유희지소海仙遊戱之所라 불린다. 오십천은 발원지인 도계에서 동해에 이르기까지 오십 개 개울이 합쳐졌기에, 혹은 오십 번이나 물굽이

죽서루 전경

죽서루의 '해선유희지소(海仙遊戲之所)' 현판. 바다의 신선들이 놀던 장소라는 이름에 맞게 수려한 경치를 자랑한다.

삼척 죽서루에서 바라본 오십천

맹방해수욕장 솔밭

공양왕릉 전경

가 돌아 흐르기 때문에 오십천이라 부른다는 설이 있는데 아마 전자의 말이 맞을 것이다. 오십천은 가을이면 연어가 줄지어 올라온다. 연어는 모천 회귀하여 알을 낳고 죽는데, 그 장엄한 최후를 생각하면 숙연해진다.

7. 삼척시 원덕읍 갈남리에 위치한 해신당 공원에는 애랑의 전설이 전해진다. 죽은 처녀의 원혼을 달래기 위해 수백, 수천의 남근男根을 조각하여 전시하고 있다. 긴 것, 짧은 것, 우람한 것, 의자 등받이로 쓰이는 것, 검은 것, 흰 것, 십이지신상十二支神像처럼 생긴 것에서부터 꺾좆처럼 생긴 실물 크기의 남근에 이르기까지 상상할 수 있는 모든 형태의 남근이 전시되고 있다.

삼척구간 마지막 지점인 추암(錐巖) 해변에 있는 아름다운 촛대바위

8. 쉰움산은 걷기에 알맞은 산인데, 산정에 우물이 고이는 우묵한 구멍 쉰 개가 있다 해서 붙은 이름이다. 쉰움산은 두타산이 거느린 작은 봉우리에 불과하지만 영험한 산으로 널리 알려져 무속인의 기도처가 되고 있다. 고려 시대 어렵게 대몽항쟁을 할 때 이승휴가 천은사天恩寺에서 민족 정통성을 찾고자 『제왕운기帝王韻紀』를 저술하였다. 뒷편으로 이어진 두타산, 청옥산의 자태도 수려하다.

9. 동양 최대 동굴임을 자랑하는 환선굴과 대금굴－환선굴幻仙窟에 오르는 모노레일의 아슬아슬함이나 굴피집, 너와집을 보면 강원도 사람들의 옛 삶을 짐작할 수 있다. 환선굴 가는 길에 이성계의 조상인 목조가 살던 집터가 있고, 목조의 아버지 이양무의 무덤 준경묘濬慶墓, 어머니의 무덤 영경묘永慶墓가 있다.

10. 미수 허목許穆의 척주동해퇴조비陟州東海退潮碑－우암 송시열宋時烈과 정치적으로 영원한 맞수였던 허목이 삼척 부사로 부임했는데, 그가 척주동해비를 세우니 해일이 물러가고 바다가 잔잔해졌다는 이야기가 있다. 허목은 신령한 사람이었는지 귀신, 도깨비와 자주 놀았다. 전서체篆書體의 대가인 허미수許眉叟는 기괴한 글씨체를 개발하여 지렁이를 닮은 미수체眉叟體를 만들었다.

11. 고려 공양왕릉은 궁촌 해수욕장 옆 야산에 있다. 궁촌窮村이란 왕이 피신하여 궁핍한 생활을 한 마을이란 뜻이다. 이성계가 조선을 개국하기 전에 옹립한 공양왕은 허수아비였다. 그는 이성계의 강요에 따라 우왕, 창왕을 죽이고 자신도 삼척에 귀양 와 죽게 된다(1392년). 당시 공양왕의 나이는 45세였다.

12. 올림픽 마라톤 금메달리스트 황영조 기념 공원, 그 옆을 지나는 레일 바이크.

그 외에도 수 많은 얘기가 이 마을 저 마을에 널려 있어 걷는 재미가 더욱 좋은 곳이 삼척이다. 하나하나 풀어쓰면 어느 것이나 흥미 있고 신기한 이야기가 되는데, 그 이야기들은 어릴 적 할아버지에게 들은 얘기와 겹친다. 기억 저편에 숨은 옛날을 불현듯 떠올리게 하는 이야기도 있다. 많고 많은 이야기 중에서 수로부인 이야기, 허목의 척주동해 퇴조비, 신남 마을의 해신당 공원에 대한 이야기를 해 볼까 한다.

수로부인水路夫人

신라 성덕왕 시절이니 지금부터 1,300년 전 일이다. 순정공이 강릉 태수로 부임하는 길에 바닷가에서 점심을 먹게 되었다. 공의 아내는 신라가 자랑하는 빼어난 미모의 수로부인이다. 수로부인이 천 길 낭떠러지에 핀 철쭉을 꺾어 줄 사람을 찾으니, 너무 험해 아무도 나서는 사람이 없었다. 그때 새끼 밴 암소를 몰고 가던 한 노인이 꽃을 꺾어 바치며 '헌화가獻花歌'를 불렀다.

자주 빛 바윗 가에
잡고 있는 암소 놓게 하시고
나를 아니 부끄러워하신다면
꽃을 꺾어 바치오리다.

이틀을 더 가서 임해정臨海亭에서 점심을 먹는데, 해룡海龍이 부인을 납치해 갔다. 공이 어찌 할 바를 몰랐는데, 한 노인이 지나다가 말하길 '옛 말에 여러 사람의 입은 쇠라도 녹인다 했으니 백성을 모아 막대기로 땅을 치며 노래를 부르면 부인을 돌려 줄 것이다'고 했다. 공이 그 말을 따랐더니 해룡이 부인을 다시 육지로 데려왔다. 그때 부른 노래가 '해가사海歌詞'다.

거북아 거북아 수로를 내놓아라.
남의 아내 앗아간 죄 그 얼마나 큰가
너가 만약 어기어 내놓지 않으면
그물로 잡아 구워서 먹으리

수로부인공원 임해정(臨海亭)

공이 다시 돌아온 부인에게 바다 속의 일을 물으니, 칠보 궁전에서 먹은 것은 달고 향기로워서 불에 익혀 먹는 인간 세상의 음식이 아니었다고 했다. 부인 옷에서 이상한 향내가 나는데 인간 세상에서 맡을 수 있는 냄새가 아니었다. 수로부인은 모습이 아름다워서 깊은 산과 못을 지날 때 신령스러운 것들에게 자주 붙들렸다.

향가인 '헌화가'와 '해가사'를 어떻게 이해할 것인가? 사실事實과 상징象徵이 교차하는 이야기이니 명쾌하게 규명할 수 있는 간단한 이야기는 아니다. 정치적인 접근도 가능하고, 성적인 접근이나 주술적인 접근도 가능하다. 알고 있는 것을 생각나는 대로 풀어서 걷기 여행의 즐거움을 더해보자.

먼저 시인 구상은 '추풍령秋風嶺'이란 시에서 1,300년 전에 암소 몰고 가던 노인을 떠올리며 혼자 섭섭해 하고, 혼자 히죽거린다. 아마도 기차를 타고 가는데 옆자리에 미모의 여인이 앉았고, 추풍령 어디쯤에서 절벽에 핀 철쭉을 보았는가 보다. 시인의 히죽거리는 모습이 낯설다. 자꾸만 옆에 앉은 여인에게 눈길을 주며 머뭇거리는 시인이 어른답지 못하다. 철쭉은 그 꽃이 아름다워 지나가던 사람이 발길을 멈춘다고 해서 한자어로 척촉躑躅 아닌가? 꽃모양이 비슷한 영산홍Azalea이나 참꽃을 떠올리며 점잖게 추풍령 고개를 지날 것이지… 헌화가를 생각하며 섭섭해 하는 구상은 마음속으로 옆에 앉은 여자를 이미 간음한 것과 진배없지 않을까?

미당 서정주는 '수로부인의 얼굴'(『미당 시전집』 민음사)이라는 시에서 '미인을 찬양하는 신라적 어법'이라면서 이렇게 말한다.

암소를 끌고 가던 수염이 흰 할아버지가
그 손의 고삐를 아조 그만 놓아 버리게 할 만큼,

수로부인공원 임해정(臨海亭)에 있는 헌화가(獻花歌) 조형물

헌화가 조형물에는 헌화가, 해가사(海歌詞) 뿐만 아니라 꽃을 꺾어 바치는 노인 모습,
용에게 납치되는 수로부인 등의 장면이 새겨져있다.

수로부인공원에서 바라본 묵호읍의 추암(錐巖).

소 고삐 놓아두고 높은 낭떠러지를
다람쥐 새끼 같이 뽀르르르 기어오르게 할 만큼,
기어 올라 가서 진달래 꽃 꺾어다가
노래 한 수 지어 불러 갖다 바치게 할 만큼,
정자에서 점심 먹고 있는 것 엿보고
바닷속에서 용이란 놈이 나와 가로 채 업고
천길 물속 깊이 들어가 버리게 할 만큼,
왼 고을 사내가 모두
몽둥이를 휘두르고 나오게 할 만큼,
왼 고을 안 사내들이 몽둥이란 몽둥이가
한꺼번에 바닷가 언덕을 아푸게 치게 할 만큼,
왼 고을 안의 말씀이란 말씀이
모조리 한꺼번에 몰려 나오게 할 만큼, (하략)

서정주가 그리고 있는 노인은 염치고 체면이고 없다. 과연 수로부인은 암소 고삐를 놓게 할 만큼 팜므파탈femme fatale적인 아름다움이 있었나 보다. 원초적이고 관능적인 아름다움을 더 좋아한 서정주의 어법이 정겹다. 전혀 추하지 않다. 수로부인을 향해 돌진하는 노인의 모습은 그야말로 한 마리 부나비의 모습 아닌가? 노인의 사랑은 무조건이다. 나이가 들었으면 사랑도 안단테(Andante, 조금 느리게) 식이어야 하는데, 미당이 그린 노인은 무조건 돌진하는 이십대의 부나비 모습이다. 그러나 그 모습은 얼마나 정겹고 인간적인가?

불교에서 소는 마음을 나타낸다. 소고삐를 잡은 노인은 마음 공부를 하는 현자賢者 아니면 도승道僧일 수 있다. 소고삐를 놓는 것은 도 닦는 것을 그만두고 파계하겠다는 말로도 해석이 된다. 수로부인을 향해 돌진하는 노인은 전혀 추하게 보이지 않는다. 헌화가를 바치는 노인은 조선 명기 황진이의 유혹으로 파계한 지족 선사와는 다른 느낌으로 다가온다.

신라 시대에 소고삐를 잡을 정도라면 부자가 아니었을까? 그것도 새끼 밴 암소를 몰고 갈 정도라면 굉장한 재산가였을 수도 있겠다. 혹시 노인은 삼척 지방의 호족豪族이 아니었을까? 소를 잘 길러 살찌우고 새끼를 갖게 하려면 평소에도 잘 보살폈다는 말인데, 이 또한 춘추전국시대 소를 기를 줄 아는 백리해百里奚 노인의 이야기와 통하는 게 아닐까?

남자를 보고 꽃을 꺾어 달라고 하는 것은 또 무엇인가? 명백한 구애행위求愛行爲 아닌가? '꽃을 꺾어주세요' 라는 요구의 원초적인 의미가 '날 가져주세요' 아닌가? 남편 순정공이 옆에 있는데도 낯선 남자에게 꽃을 꺾어 달라고 요구한다? 수행원들은 모두 무얼하고 있었단 말인가? 노인이 올라간 절벽을 오르겠다는 수행원이 없었으니 모두 엄벌을 받아야 한다. 젊은 사람이 많았을 터인데 노인에게 위험한 일을 시키다니.

또 다른 의문은 용에게 납치된 사건과 관련한 것인데, 정황상 수로부인은 용을 상징하는 남자에게 정절을 빼앗긴 것이 명백하다. 조선 시대라면 자결해야 할 사건이다. 바다 속이 황홀했다는 대답이나 그곳에 다녀온 후 더욱 예뻐졌다는 말도 이해할 수 없다. 용이나 신물神物이 정체 모를 남자라는 것은 분명한데, 삼국유사에는 남편 순정공의 태도나 기분은 전혀 나타나 있지 않다.

용이 수로부인을 납치했는데, '해가사'에는 거북이에게 수로부인을 다시 돌려달라고 요구하고 있다. 뱀이 오래되면 사룡蛇龍이 되고, 잉어가 황하 상류의 물살 센 등용문登龍門을 오르면 어룡魚龍이 되고, 거북이가 도를 닦으면 구룡龜龍이 된다 했던가? 구룡은 구름과 비를 부르고 온갖 영험 있는 조화를 부리는 존재가 되는데, 아마도 수로부인을 납치한 용은 머리가 큰 거북 용, 구룡이었는가 보다. 그런데, 귀두龜頭라 부르는 거북이 머리는 곧 남근男根 아닌가? 귀두가 큰 용이 수로부인을 납치하여 교접을 하고 돌려주었다? 수로부인은 예뻐서 모든 것을 용서받았나 보다. 이런 신라인의 성풍속이 신기하기만 하다. 하기야 예쁘면 모든 것이 용서되는 작금昨今의 풍속 아닌가?

고대 그리스에서는 미녀 헬렌이 납치되자 트로이 전쟁이 일어난다. 예쁘면 납치당하는 일은 동서 모두 예삿일인가 보다. 북풍의 신 보레아스Boreas가 아테네 공주 오레이티아Oreithyia를 사랑하여 납치하기도 한다. 루벤스Peter P. Rubens의 그림 '오레이티아를 납치하는 보레아스Boreas Abducting Oreithyia'를 보면, 난폭한 북풍의 신은 미인인지 공주인지 의심스러운 살찐 여자를 납치하는데, 안긴 공주는 전혀 두려움 없는 표정을 하고 있다.

신화의 세계에는 동서양을 막론하고 미인을 납치하는 신물神物들이 자주 나타난다. 미녀가 납치된 집단과 미녀를 납치한 집단간에는 대체로 전쟁이 일어난다. 그런데 '해가사'에는 어렵게 납치한 미녀를 규탄糾彈하니 돌려준다. 막대기로 땅을 아프게 치니 돌려주었다. 전쟁이나 무력이 아니고 규탄을 하니 돌려주었다. 참으로 평화로운 부녀자 납치극이다. 즐거운 납치극? 그래서 '헌화가'나 '해가사'는 전혀 음란하지 않다.

부산에서 통일전망대에 이르는 이천 리 해파랑길은 설화와 신화가 숨 쉬는 길이다. 이야기의 보고寶庫다. 신라 문학新羅文學은 해파랑길에서 피어나고 있다. 이것이 바로 스토리텔링 아닌가? 이러한 스토리가 많은 길이 멋진 길이고, 다시 찾고 싶은 길이 될 것이다.

삶에 지친 여행자가 길에서 천 년 전의 얘기를 떠올리며 마음의 휴식을 얻고, 걸으면서 길 위에 다시 우리가 살아가는 이야기를 입힌다면 그 길은 더욱 흥미진진한 명품 걷기 길이 될 것이다.

해신당海神堂의 전설

강원도 삼척시 원덕읍 신남리에는 '애랑의 전설'이 전해온다. 애랑의 전설은 삼척에서 시작해 속초까지 이어지는 '낭만가도浪漫街道'를 더욱 재미있는 길로 만들어 준다. 해파랑길 곳곳에 얽힌 이야기를 찾아 다시 확인하는 즐거움을 어디에 비교할 수 있을까. 해송海松 사이의 푸른 바다와 기암괴석奇巖怪石이 애랑의 전설과 만나면 걷기 길은 갑자기 낭만 가득한 길이 된다. 전설은 비교적 간단하다.

신남리에 혼인을 약속한 처녀 애랑과 총각 덕배가 살았는데, 애랑이 바위에 붙은 해초를 따다가 풍랑에 휩쓸려 죽게 된다. 애랑이 죽자 풍랑이 심해지고 고기가 잡히지 않게 된다. 고기를 잡지 못해 화난 어부가 뱃머리에서 소변을 보았는데, 신기하게도 그 어부가 탄 배는 만선滿船으로 돌아오게 되었다. 그래서 애랑의 원혼을 달래기 위해 실물 크기의 남근男根을 깎아 제사지냈더니 거짓말처럼 풍랑이 잠잠해지고, 고기가 많이 잡혔다. 지금도 이 지방에는 정월 대보름과 시월 첫 오일午日에 애랑이를 위해 남근을 깎아 매달아 두고 제사를 지낸다.

남근숭배사상(男根崇拜思想, Phallicism)은 모계 사회에서 남성본위 사회로 옮겨가면서 나타나는 현상이다. 남근은 힘과 권위를 상징하고, 생명의 원천이나 영원한 생명력을 나타낸다. 남근숭배는 고대인들의 종교의식과 통한다.

종족 보전과 번영을 약속하는 남근숭배는 동·서양에서 공통적으로 나타나는데, 한국에서는 보통 비석이나 거북의 머리 형태로 나타난다.

해신당. 애랑의 영정을 모시고 있다.
애랑의 영정
해신당공원에서 본 '애랑바위'

해신당공원의 남근조각

여성의 성기나 자궁은 주로 꽃잎이나 거울 모습으로 나타난다. 비석 머리 부분이 거북머리를 닮았다 해서 귀두龜頭라 부르는데, 귀두는 바로 남근을 나타낸다. 비석은 여러 가지로 변형을 거듭하지만 모두 남근의 상징이다. 무덤에도 비석이 있고, 서울 종로성당 마리아상 앞에도 두 개의 비석이 있다. 대웅전의 부처님은 일반적으로 연화좌대蓮花坐臺에 앉아 있다.

불경不敬스런 말이지만, 성모 마리아는 두 남근의 호위를 받고 있으며, 부처님은 자궁 위에 앉아 삼매에 들어 있다고 하겠다.

해신海神은 주로 여신을 뜻하는데, 남신인 산신山神과 정기적으로 결합하여 성적 만족을 얻으면 바다가 잠잠해진다. 만족하지 못할 때는 심술이 나서 심한 풍랑을 일으킨다. 인간이나 신이나 모두 같은 모양이다. 애랑의 전설에서 해신海神인 애랑과 산신山神인 덕배가 만나는 방법은 뱃전에서 오줌누기로 상징화되고 있다. 이 지방 사람들은 더 큰 영험을 얻기 위해 남근 조각공원을 조성하게 된 것 같다.

심청은 뱃머리에서 치마를 뒤집어쓰고 인당수에 뛰어든다. 김수로왕비 허황옥은 뭍에 오르자 비단 바지를 벗어 산신에게 바친다. 치마를 벗어 올리거나 비단바지를 벗는 것은 해신과 산신이 만나는 상징이다. 김수로왕은 산신인데, 허황옥이 비단 바지를 벗어 산신에게 바친다는 것은 김수로왕과 성적으로 결합하겠다는 의지를 나타낸다. 해신당, 성황당, 개운포 망해사 이야기, 장승포 신명신사 고래이야기, 수로부인 설화 등등이 해신과 산신의 결합을 상징적으로 묘사하고 있다.

풍랑을 잠재우는 등 인간으로는 어쩔 수 없는 자연현상을 이해하기 위한 노력은 여러 가지 설화에서 모습을 바꾸어 나타난다. 바닷가에서 많이 나타나는 이러한 종류의 대표적인 이야기는 제주도에 산재散在한 해신당 전설이다. 그 외에 심청과 같은 처녀를 제물로 바치는 이야기, 벽란도 근처 호족인 왕건의 할아버지 작제건作帝建이 바다 요괴를 쏘아 죽이고 용녀龍女를 아내로 맞이한 이야기, 거타지居陀知가 활로 늙은 여우를 쏘아 죽인 이야기, 삼척 신남리 해신당에 남근을 깎아 바친 이야기, 철쭉꽃을 바쳐 해신을 바다로 돌려보낸 수로부인 이야기, 경주 월성지방의 여근곡女根谷 이야기, 풍랑을 잠재우는 만파식적萬波息笛 이야기도 이러한 류의 신화로 볼 수 있다.

지금은 여성시대다. 남성이 만든 지난 오천 년의 세상은 그리 이상적인 모습이 아니었다. 남성이 만들어낸 사회는 너무 호전적好戰的이었다. 페미니스트들은 힘과 전쟁으로 만들어진 남성본위의 세상에 대해 회의하고 있다. 그래서 여권신장 정도가 아니라 여자가 지배하는 세상을 꿈꾸고 있다. 가만히 생각해 보면 남자들도 책임이 많으니 할 말이 없게 되었다. 남근숭배 신화는 어느 사이엔가 사라져 버렸다.

여성이 가정의 주축이 되었고, 여기저기서 여근숭배사상이 나타나기도 한다. 남자 성기를 상징하는 사찰의 당간지주幢竿支柱는 깃발을 내린지 오래다. 오히려 자궁을 나타내는 시루 형태의 법구法具가 여기저기 전시되고 있다. 외국의 전문 쇼핑몰에서는 여자들의 노리갯감으로 남근 종합선물세트를 판매하고 있다. 일반 남자들의 그것에 비교하면 크기나 기능이 수십 배 강화되어 있다는 홍보용 문구도 남자들의 기를 죽이는데 일조一助 하고 있다. 더욱 딱한 모습은 남근 형태의 립스틱과 찻잔 손잡이라 할 수 있다. 남근 형태의 립스틱이 여자들의 입술에서 커피잔 손잡이가 여자들의 손가락에서 노리개가 되고있는 현실이다.

삼척시 원덕읍 신남리에 있는 해신당을 돌아보면 모양이 우람한 남근을 수백 개 전시하여 남근숭배사상을 보여주고 있다. 민망하다는 생각은 잠시뿐이다. 전시된 우람한 남근에 기가 죽고 남근이 노리개로 전락한 작금의 세태에 다시 한번 착잡해진다.

해파랑길 걷는 분들께 감히 충고하노니 자신 없는 사람은 해신당 공원에는 가지 마시라.

척주동해비陟州東海碑

척주陟州는 삼척의 옛 지명이다. 삼척 정라항에 육향산六香山이란 작은 산이 있다. 단 오 분 만에 오를 수 있는 산 정상에는 육각으로 지은 정자 육향정六香亭이 있고, 대한평수토찬비大韓平水土讚碑와 척주동해비陟州東海碑가 있다.

육향정은 1948년에 세웠는데, 현판은 애국지사로 조선말 서예의 대가인 위창 오세창葦滄 吳世昌이 썼다. 대한평수토찬비는 미수 허목이 삼척부사로 재임할 당시에 해일과 풍랑을 잠재우기 위해 중국 형산衡山의 전자비篆字碑에서 48자를 집자集子하여 목판 보관하다가, 1904년에 왕명으로 비석을 세운 것이다. 대한제국 때 세웠기에 대한평수토찬비라 부른다.

그 옆에 자리잡고 있는 것이 척주동해비다. 허목許穆이 세운 후 풍랑에 깨어진 것을 뒷날 다시 세운 것인데, 서체부터 괴이하다. 이 비는 전서에서 더 나아가 지렁이가 꿈틀대며 이리저리 기어다니는 형상이다. 추사 김정희도 감탄한, 허목 한 사람만이 쓸 수 있는 소위 미수체眉叟體라는 것이다. 눈썹이 길어 눈을 덮었기에 별호를 미수眉叟라 한 허목은 예사 인물이 아니었다.

지금도 척주동해비가 풍랑을 잠재우는 부적 역할을 한다는 믿음이 있다. 해운업에 종사하는 사람이나 집에 우환憂患이 있는 사람들은 몸에 척주동해비를 모사模寫한 부적符籍을 가지고 다닐 정도다. 허목은 도교나 노장 사상에 통달하여 많은 이적을 보였기에 증산교甑山教에서는 도사로 떠받들고 있다.

육향정(六香亭)

삼척시 정라항 입구에 있는 척주동해비각(陟州東海碑閣)

척주동해비(陟州東海碑)

17세기 조선 정치사에서 자주 거론되는 서인이자 노론의 거두인 우암 송시열과 평생을 대립하며 살았던 인물이 허목이다. 허목은 남인 중에서도 송시열을 사형하자 주장한 강경파인 청남清南의 영수領袖다. 남인 중 온건파인 탁남濁南은 허적許積이 이끌던 붕당朋黨이다.

16세기 초까지 훈구파訓舊派와 사림파士林派가 대립하며 조선 정치사를 이끌어 왔고 조선 중기인 16세기 말부터 조선말까지 동인과 서인, 남인과 북인, 노론과 소론 등으로 나누어져 붕당정치朋黨政治가 계속되었다. 21세기인 지금의 정치도 이 붕당정치의 연장에 불과하다. 서인과 남인이 대립하고, 노론과 소론이 대립하며 끝없는 탁상공론卓上空論이 이어져 온 붕당정치의 소모적이고 비생산적인 정치지형도政治地形圖는 400여 년이 지난 지금도 한 발자국도 더 나아가지 못했다. 민생을 중시하고 비전을 제시하기는커녕 닭싸움과 별로 다를 바 없이 소모적인 정쟁만 벌이는 정치가 계속되고 있다. 민족의 미래를 생각하는 정치인은 그 어디에도 없는 듯하다.

미수 허목은 성리학에서 벗어나지는 못했지만 비판적인 입장을 취한 인물이었다. 그는 도학, 의학, 노장사상에도 해박한 지식을 가진 인물이었다. 그는 전서체篆書體에서도 동방 제일인자였다. 민생을 염두에 두고 둔전제屯田制 실시나 호포제戶布制 폐지를 주장하였고, 효종과 송시열이 주도하던 북벌론北伐論을 허황된 생각에 불과하다고 비판하였다. 만동묘萬東墓를 세워 명나라 마지막 황제 의종과 신종을 제사 지낸 사대주의자 송시열과 달리, 허목은 단군국조설檀君國祖說을 주장해 조선이 자주국가임을 명백히 했다. 허목은 단군왕검을 민족의 시조로 보았다. 기자-신라-고려를 민족사의 정통으로 본 김부식 사관에 반대하여 신라, 고구려, 부여, 예맥, 말갈도 한국사로 포함해야 한다고 주장한 인물이 허목이었다.

그는 김수로왕비 허황옥을 시조로 하는 양천陽川 허씨다. 허목은 허황옥이 남인도 아유타국 출신이라는 설에 맞서 중국의 사천성 허가촌 출신설을 언급하기도 하고, 이성계의 조상인 목조의 외가가 삼척이라는 것을 고증하여 준경묘濬慶墓와 영경묘永慶墓의 위치를 확인한 인물이다.

노론의 송시열파는 호흡기 관련 질병 때문에 코에 종이를 달고 다닌다 해서 허목을 지비옹紙鼻翁이라 놀렸다. 그가 정적 송시열이 백약이 무효인 병을 앓을 때 처방전을 써 낫게 한 일화는 유명하다. 처방전에 비상을 넣은 것을 보고 송시열 문하생과 주변에서는 허목이 송시열을 독살하려 한다고 했다. 하지만 미수의 인품을 믿은 우암은 처방전대로 비상 세 돈이 든 약을 먹고 병이 나았다.

이런 일화도 있다. 평안남도 성천에 강선루降仙樓를 중수하려니 왜란과 호란을 겪어 국고가 바닥난 상황에서 아무도 나서는 사람이 없었다. 이를 본 미수가 신선에게 편지를 써서 신선과 도깨비의 힘을 빌어 강선루를 완공하였다 한다.

1660년에 일어난 1차 예송禮訟은 인조의 계비 조대비의 복제服制 문제로 일어났는데, 미수는 우암의 기년설(朞年說, 1년설)에 반대하여 3년 상을 주장하다가 삼척부사로 좌천된다. 그는 삼척부사 재임 2년 동안 목민관牧民官으로 삼척사지를 편찬하는 등 많은 치적을 쌓았다. 잦은 폭풍과 해일 때문에 삼십 리 떨어진 동헌 마루까지 바닷물이 밀려왔고, 해안 백성들은 고기잡이가 안 되어 굶어 죽는 사람이 많았다. 이런 어려움을 그냥 볼 수 없어서 미수가 세운 것이 척주동해비다. 척주동해비는 동해를 찬양하는 내용으로 동해송東海頌이라 부르기도 한다. 비를 세우니 풍랑이 잠잠해지고 고기잡이가 잘 되었다는 일화는 유명하다. 지금도 해운업에 종사하는 사람들은 이 비를 족자로 만들어 집안에 걸어두고 있다. 어업에 종사하는 사람들은 비문을 모사하여 부적처럼 몸에 지니고 다닌다.

2차 예송禮訟은 1674년 효종비 인선왕후의 복제服制 문제로 일어났다. 서인이자 노론인 우암의 대공설(大功說, 9개월설)에 반대하여 미수는 기년설(朞年說, 1년설)을 주장한다. 1차 예송에서 패배한 미수는 2차 예송에서는 승리하여 대사헌이 된다. 그 후 1680년 경신환국庚申換局으로 남인이 다시 실각하자 미수도 삭탈관직 당해 경기도 연천에 은거하였다.

미수의 부친은 서화담의 제자인 허교이다. 백호 임제의 손녀를 아내로 맞이한 허교는 도학과 경학에 두루 통달한 인물이었다. 허목 또한 이황, 조식의 제자인 한강 정구 문하에서 수학하였고, 부인은 영의정 이원익의 손녀였다. 이원익이 얼음 위에서 놀던 어린 허목을 만난 이야기와 그가 허목을 손녀사위로 맞이하는 과정에도 재미있는 일화가 있다.

남인 강경파 허미수는 윤선도, 윤증과 함께 남인의 저격수라 불리기도 한다. 기호학파의 거두인 율곡 이이의 출가한 경력을 정치적으로 이용했기에 붙여진 별명이다.

허미수는 성리학을 무시하거나 부정하지는 않았지만, 비판적인 시각을 가지고 있었다. 그는 실용을 강조하였고, 북벌론 반대에서 볼 수 있는 것처럼 실리를 중시하였다. 그의 생애를 살펴보면 명분보다 실리를 중시하고, 학문이나 사상의 자유를 주장한 흔적이 역력하다. 멸망한 명나라를 위해 멸사봉공하는 것은 옳지 않고, 명분만 있고 대안이 없는 정책은 잘못이라는 것이다. 친일－친미－수구－송시열－서인, 노론－종북－대안 없는 진보의 한계를 300여 년 전 미수가 이미 지적하고 있는 것이다. 그래서 역사는 반복된다고 하던가? 그는 묘비명을 직접 써서 뒷사람들에게 일침을 가하고 있다. 자명自銘에 이르기를,

> 말은 그 행동을 가리지 못하고, 행동은 그 말을 실천하지 못하였다. 뜻만 커서 성현의 글을 읽었을 뿐, 허물을 줄이는데 도움이 된 것이 없었다. 이를 돌에 써서 뒷사람에게 경계하노라.

육향산 올라가는 입구에 있는 옛비각 터

한편, 우암 송시열宋時烈은 어떠한 인물인가? 송시열은 남인인 미수 때문에 사사賜死당했지만 향교에 배향된 성리학의 대가다. 그는 서인-노론의 영수로서, 사후 삼백 년 동안 기호학파 신봉자들이 성리학으로 먹고 살아갈 수 있는 기반을 마련해 준 학자다.

우암에 대한 평가는 미수와 극명하게 대비가 된다. 그는 광해군 이래 한국사를 거꾸로 흐르게 한 인물로 지탄받고 있다. 그는 광해군을 몰아내야 한다는 논리를 고집하여 병자호란을 초래케 한다. 그는 늙어서 고향인 충북 괴산의 화양계곡에 암서재巖棲齋를 짓고 기거한다. 암서재에 기거하며 명나라 마지막 황제를 제사지내기 위해 만동묘(萬東廟, 만절필동萬折必東에서 나온 말이다.)를 세우고, 평소에도 명나라 관리의 옷을 입고 명나라 신하임을 자처했다. 그는 '대명천지 숭정일월(大明天地 崇禎日月; 위대한 명나라의 하늘과 땅이요, 명나라 황제 숭정제의 해와 달이다.)'이라 읊조리는 골수 친명 사대주의자였다.

그가 세운 화양서원華陽書院은 기호학파의 중심이 된다. 영남 유림의 총본산이 도산서원陶山書院이라면, 기호학파의 총본산은 화양서원이라 할 수 있다. 그는 주자의 무이구곡武夷九曲을 본떠 화양구곡華陽九曲을 만들었고, 평생 동안 주자를 스승으로 모시고 살았다. 그래서 그를 송자宋子라 부르기도 한다.

그의 철학은 한 글자로 요약되는데, 곧을 직直이다. 그가 거처하던 암서재에는 원칙이 있었는데, "내 집에 들어오는 자는 조정의 일을 말하지 말고, 감사와 고을의 일을 말하지 말며, 타인의 장단長短과 득실得失을 말하지 말라"가 그것이다.

그 외에도 삼척에는 많은 이야기가 있다. 태백산 이야기, 죽서루 이야기, 환선굴 이야기, 준경묘·영경묘 이야기, 공양왕릉 이야기, 오십천의 연어 이야기, 오십천을 따라 죽서루에 이르는 강변 산책로 이야기,

신라 장군 이사부 이야기, 황영조 기념 공원 이야기 등등이다. 해야 할 이야기는 많이 남았지만 발길을 옮겨 검은 호수의 고장 '묵호墨湖'가 있는 동해시를 거쳐 강릉으로 가야 한다. 얽힌 이야기는 삼척을 찾는 뒷사람을 위해 남겨두어야 한다.

더운 여름밤 눈을 돌리면 별빛이 쏟아진다. 숙소에 들어 잠이 들면 꿈에서도 파도소리가 들릴 것만 같다.

PART 8

동해 구간

33코스

추암해변~묵호역

총거리 13km/소요시간 4시간 20분

34코스

묵호역~옥계시장

총거리 19.2km/소요시간 6시간 30분

해파랑가게

개관 동해 구간 걷기

바닷가를 따라 걷게 되면 몸과 마음이 자유로워진다. 바다와 맞닿은 길을 따라 이어진 시간 속으로 들어가는 기분은 마치 내가 저 우주의 심연으로 빠져 들어가는 듯한 착각을 일으킨다. 하루 종일 시공을 넘나드는 여행을 하고 나면 온몸을 휘감는 피로가 오히려 삶의 의지를 새롭게 한다. 하루의 피로가 밀려오면 도시에 남겨둔 삶의 무게는 아스라한 기억이 되어버리고 오직 등짐의 무게만이 내 삶의 무게가 된다. 두고 온 도시의 불빛, 사람 모습이 왜 생각나지 않는 걸까? 눈앞에 펼쳐진 경치와 새소리, 파도소리, 솔바람소리만 감각기관에 남아 자유롭게 상상을 펼치게 된다.

도시에 남겨두고 온 가족이나 사랑하는 사람들, 도시가 품고 있는 애증의 그림자는 이미 아득하기만 하다. 그곳에서 겪은 사랑이나 미움도 전혀 내 일이 아닌 것만 같다. 어둠이 내리고 여기저기에 불이 켜지면 불현듯 그리움이 밀려오지만, 걷기의 자유로움은 그리움이나 외로움도 견딜 만한 것으로 만들어 준다. 별이 쏟아지는 한여름 밤의 해변, 이 얼마나 아름다운 정경인가.

동해 구간은 30km 정도의 짧은 걷기 길이다. 삼척 구간의 마지막인 추암의 촛대바위를 지나면 해암정이 나오고 추암 조각 공원이 있다. 여기서부터 북평항-동해시-묵호항-망상 해수욕장까지가 동해 구간이다.

동해시는 1980년에 삼척의 북평과 묵호를 통합한 새로운 도시로, 옛부터 신라, 고구려 간에 끊임없이 영토분쟁이 일어난 곳이다. 삼척에

해암정(海巖亭). 추암을 돌아 나오면, 바위 병풍 안에 해암정이 있다.

동해시에 있는 '남한산성의 정동방은 추암해수욕장이다' 표지석

묵호항 수변공원

묵호항에 크루즈선이 들어오고 있는 경치가 마치 그림의 한 폭 이다.

추암해변의 조각공원. 수준 높은 작품이 많이 전시되어 있다.

서 추암 해변으로 가는 길이 아름답고, 망상 해변에서 강릉의 옥계 해변으로 빠지는 우회로도 아름답다.

북평은 시멘트와 석탄의 하역 지점이고, 동해안 어업의 거점이다. 묵호는 태백산 내륙에서 채탄採炭한 석탄을 실어내는 항구로 바닷물이 먹물처럼 검어 묵호墨湖라 한다.

해암정海巖亭은 고려 말에 동로 심한東老 沈漢이 낙향하여 세운 정자이다. 삼척 심씨沈氏의 시조인 심동로沈東老는 고려 공민왕대 사람인데 정치에 환멸을 느끼고 이곳에 낙향했다. 그는 학문에 정진하면서 풍월로 여생을 보냈다. 해암정은 초라하다는 생각이 들지만, 문을 열면 능파대凌波臺가 울타리 같은 병풍이 되고, 동해 바다는 정원이 된다. 능파대는 두타산의 한 자락이 바다로 뻗어내려 만들어진 만물상이다. 해암정 뒤쪽의 산책길은 경치가 매우 뛰어나다. 군부대 때문에 돌아가야 하지만, 우회해서 내려서면 추암 조각공원이 지친 발걸음을 쉬게 해준다. 전시된 작품의 수준도 만만치 않다.

시간이 허락한다면 내륙에 위치한 삼화사三和寺에 가고 싶다. 삼화사는 고려 태조 왕건이 후삼국 세 나라를 하나로 통합하게 해 달라고 기원한 절이다. 삼화사를 품고 있는 청옥·두타산이 그립다. 무릉계곡 초입의 넓은 무릉반석에 누우면 더운 여름 피서도 되고, 모든 근심 걱정이 사라져 신선처럼 무릉도원武陵桃源으로 갈 수 있을 것 같다.

봄날은 간다

조선 중기의 당파싸움에서 서인을 영도하던 송익필宋翼弼이 있었다. 송익필의 동생이 송한필宋翰弼인데, 형제가 문장에 능했다. 송한필의 시 '우음偶吟'은 짧게 왔다 가버리는 봄의 아쉬움을 잘 보여주고 있다.

화개작야우花開昨夜雨 어젯밤 비에 꽃이 피더니
화락금조풍花落今朝風 오늘 아침 바람에 꽃이 지는구나
가련일춘사可憐一春事 가련하다 짧은 봄이여
왕래풍우중往來風雨中 비바람 속에 오고가는구나

앞마당에 개나리, 산수유, 진달래 피더니 벚꽃이 만발하고, 담장의 목련이나 라일락이 피었다 지고 돌 틈에 민들레, 할미꽃이 제 모습을 자랑하면 아쉽게도 짧은 봄이 가버린다. 장미가 피어나고, 배롱나무에 백일홍이 꽃망울을 맺는 늦봄은 차라리 여름에 가깝다.

봄이 저렇게 농익어 가는데 꽃구경이나 한 번 가야 되지 않느냐는 내자內子의 말에, 꽃은 구조적으로 동물의 생식기에 해당하는데, 점잖은 사람으로서 어찌 그런 민망한 구경을 가느냐? 라고 일축一蹴한 게 어저께 같은데 벌써 더운 여름이다.

십여 년 전에 유지태(상우)와 이영애(은수)가 열연한 영화 '봄날은 간다'를 최근에 다시 보았다. 시련 없이 오는 봄날이 없는 것처럼 눈물 없이 떠나가는 봄날이 어디에 있겠는가? 떠나가는 버스와 여자는 잡는 게 아니라는 대사도 떠올려본다. 사랑이든 봄이든 인생이든 한번 떠나

가면 다시 돌아오기가 어렵다. 그 일회성이 우리의 삶을 더욱 찬란하게 하고 가버린 봄을 못내 아쉬워하는 게 아닐까?

그래도 새로운 사랑이나 내년 봄은 또 올 것이고, 새로운 삶은 다시 이어질 것이다. 가버린 것에 대한 아쉬움을 달래러 영화에서처럼 동전으로 자동차를 긁을 수는 없는 노릇이다. 지나가는 사람을 잡고 어디 분식집에 가서 '라면 먹고 갈래요?' 라고 할 수도 없는 노릇이다. 사랑할 때는 생각나지 않지만 사랑이 끝났을 때 다시 보고 싶은 영화가 '봄날은 간다' 이다.

영화 '봄날은 간다'의 여주인공 은수가 살던 집이 동해시 묵호동 삼본아파트 304호이다. 찌질하게 보이는 상우는 은수가 살던 바닷가 항구가 보이는 집에 살면서 대숲의 바람소리, 새벽 산사의 풍경소리, 파도치는 바다의 소리를 녹음하기 위해 삼척에 있는 대숲으로, 신흥사로, 맹방 해수욕장으로 쏘다니고, 은수는 강릉 방송국에서 아나운서였지 아마?

삼척의 맹방 해수욕장을 지나면서부터 자꾸만 떠오르는 그리운 날의 기억이 있었다. 불현듯 옛사랑이 생각나고, 지나간 봄의 아름다운 기억을 떠올린다. 주책이다. 지나간 것은 항상 아름답고, 가지 못한 길은 항상 아쉬움을 남기는 법이다. 아쉬움을 달래러 장사익이나 최백호의 노래에 나오는 연분홍 치마, 산제비, 꽃편지, 청노새, 역마차를 흥얼거리다가 영화의 주제곡이기도 한 김윤아의 노래 '봄날은 간다'(김윤아 작사)를 부르며 묵호를 통과한다.

최백호의 노래에 나오는 연분홍 치마, 산제비, 꽃편지, 청노새, 역마차를 흥얼거리다가 영화의 주제곡이기도 한 김윤아의 노래 '봄날은 간다'를 부르며 묵호를 통과한다.

눈을 감으면 문득 그리운 날의 기억
아직까지도 마음이 저려오는 건
그건 아마 사랑도 피고 지는 꽃처럼
아름다워서 슬프기 때문 일거야 아마도
봄날은 가네 무심히도 꽃잎은 지네 바람에
머물 수 없던 아름다운 사람들
가만히 눈감으면 잡힐 것 같은
아련히 마음 아픈 추억 같은 것들
봄은 또 오고 꽃은 피고 또 지고 피고
아름다워서 너무나 슬픈 이야기

PART 9

강릉 구간

35코스

옥계시장~정동진역

총거리 13.4km/소요시간 5시간 10분

—

36코스

정동진역~안인해변

총거리 9.5km/소요시간 3시간 20분

—

37코스

안인해변~오독떼기전수관

총거리 17.6km/소요시간 6시간

—

38코스

오독떼기전수관~솔바람다리

총거리 18.5km/소요시간 7시간

—

39코스

솔바람다리~사천진리해변

총거리 16.1km/소요시간 5시간 30분

—

40코스

사천진리해변~주문진해변

총거리 12.4km/소요시간 4시간

—

해파랑가게

개관 귀거래歸去來의 땅, 강릉

요승화이귀진聊乘化以歸盡 자연을 따르다 죽으면 그만인 것을
낙부천명복해의樂夫天命復奚疑 천명을 누렸거늘 더 무엇 의심하리

도연명陶淵明의 '귀거래사歸去來辭' 마지막 구절이다. 대관령을 넘어 강릉으로 들어오거나 동해시에서 정동진과 안인 해변을 거쳐 강릉에 들어오면 참으로 편안한 기운을 느낀다. 이곳은 서울에서 멀지만 문화수준은 서울만큼 높은 느낌이 드는 반면, 사람들의 모습에서는 어릴적 고향마을에서 본 듯한 순박한 느낌을 받게 된다.

'부귀는 내가 바라던 바도 아니었고, 신선 사는 땅은 기약할 수 없으므로富貴非吾願 帝鄕不可期' 귀향을 바란다면 와서 살기 좋은 땅이 강릉이다. 멀리 태백준령이 아름다운 자태를 뽐내고, 바다에는 해송이 우거져 파도 소리가 솔바람 소리와 어우러져 그윽한 정취를 자아내는 곳이다. 소나무 숲이 잘 가꾸어져 곳곳이 솔바람 향긋한 냄새를 풍기는 크지 않은 도시에는 수 많은 문화유적이 산재散在하다. 그야말로 솔향과 예향의 도시인 셈이다. 이곳은 너른 평야가 발달해 있고, 호수와 문학과 예술이 어우러진 관동문화關東文化의 중심지다. 귀향을 생각한다면 가장 먼저 떠올리는 장소가 강릉인 것도 그래서다. 지리적인 이유로 임진왜란과 병자호란도 피해간 곳이 강릉이다.

강릉은 크게 네 가지 면에서 접근해 보아야 한다. 유교문화, 불교문화, 전통문화, 근·현대문화가 그것이다.

유교문화에는 향교, 칠사당, 객사문, 해운정, 경포대, 경포호 주변의 이율곡과 신사임당 유적, 허균·허난설헌 유적, 선교장 등이 있다. 불교

정동진의 남쪽 산기슭에 세운 크루즈선

경포대 솔밭. '솔 향 가득한 강릉'답게 곳곳에 솔밭이 조성되어 있다.

경포대 일출

오죽헌

정동진역

강문교

문화는 등명 낙가사, 대창리·수문리 당간지주, 굴산사터, 신복사터, 한송사터, 보현사 등이 있다. 전통문화는 고려 시대 이전부터 내려오던 강문동 솟대나 강릉 단오제, 경포호의 전설, 남서낭, 여서낭, 오독떼기 전수관 등이 있다. 근·현대문화는 김동명 시비, 배호 노래비, 안목 커피거리, 정동진역과 선크루즈, 소리 박물관 등이 있다.

선교장船橋莊은 배를 뒤집어 징검다리 삼아 출입하던 배다리마을船橋里에 있기 때문에 붙은 이름인데, 족히 300평이 넘는 넓은 집이다. 세운 지가 200년이 지난 선교장은 전주 이씨가 기거하는 사대부 집인데, 대문을 들어서면 열화당悅話堂이라는 사랑채가 눈길을 끈다. 이곳은 친척들과 정다운 이야기를 나누는 방이다悅親戚之情話. 날마다 무심한 구름과 지친 새를 보며 정원을 거닐고 소나무를 어루만지며 음악, 독서로 여생을 보내고자 한 도연명을 닮으려 했던 주인의 생각이 느껴지는 안온한 공간이다. 매일매일 육신의 종으로 살아가는 내 처지와 비교하면 신선과 다를 바 없다. 선교장 주변 노비들의 집도 모두 복원되어 있다.

오죽헌烏竹軒은 검은 대나무가 자라는 곳이기에 붙은 이름인데, 신사임당의 친정이니 이율곡의 외가인 셈이다. 율곡을 낳기 전에 용꿈을 꾼 곳이 몽룡실夢龍室인데, 주변에는 오죽과 함께 능소화가 피어 묘한 대조를 이룬다. 능소화凌霄花는 어사화御史花라 부르기도 하지만 임금에게 버림받은 여자가 죽어 핀 꽃이 아니었던가? 사임당이 용꿈을 꾸어 이율곡을 낳았으니, 나도 사임당 꿈을 꾸면 오만 원 권 지폐가 생기려나? 사임당은 글씨와 그림뿐만 아니라 뛰어난 예술적 재능을 보였기에 많은 이의 존경을 받았다. 하지만 성격은 냉정하고 몸가짐은 무척이나 엄격하였다. 옛 문헌을 살펴보면 이율곡의 아버지 이원수는 부인 사임당을 그리 사랑하지 않은 것으로 보인다.

오만 원 권 지폐에 새겨진 사임당의 그림을 보고 외국인들이 '이 사람이 한국 역사에서 뜨거운 여자였느냐?'고 종종 묻는다. 신사임당은 뜨거운 것과는 전혀 거리가 먼 여자다. 외국인들은 뜨거운 여자가 아니면 지폐에 어울리지 않는다고 고개를 갸우뚱하는데, 그렇다고 어우동이나 기생 황진이를 지폐에 새길 수는 없는 노릇이다. 크레오파트라나 양귀비 정도 되는 여성으로 허황옥, 화랑의 대모 미실, 심청이나 춘향이 등을 떠올리다가 실없는 생각을 하는 자신을 돌아보며 쓴웃음 짓는다.

강릉 사천에는 큰길가에 김동명의 시비가 있다. '내 마음은 호수요 그대 노 저어 오오. 나는 그대의 흰 그림자를 안고 옥같이 그대의 뱃전에 부서지리다. 내 마음은 촛불이요… 내 마음은 나그네요… 내 마음은 낙엽이요…'라는 감상적인 시 구절을 외우며 젊은 시절을 보낸 기억이 새롭다. '…나는 즐겨 너를 위해 종이 되리니, 너의 그 드리운 치맛자락으로 우리의 겨울을 가리우자'라는 그의 시 '파초'는 또 얼마나 가슴 따뜻한 이야기인가? 그리고 요절한 가수 배호를 추모해 고향인 주문진 해변에 세운 노래비는 그의 노래 '파도'를 가슴에 새기고, 거친 파도를 맞으며 외로운 바다를 지키고 있다.

살기 좋은 땅, 솔향의 고장, 문향의 고장, 강릉의 해파랑길 구간은 옥계 해변에서 시작하여 정동진–낙가사–안인항–안목항–경포 해변–사천진 해변–연곡–주문진항–아라나비–향호까지다. 강릉은 오대산의 수려한 경치가 도시를 감싸고 있고, 곳곳마다 문향文香이 코끝을 자극한다.

나와 커피와 안목 해변

강릉시 안목 해변은 한국의 대표적인 커피거리다. 안목 해변에 들어서면 횟집보다 커피집이 더 많은 데 놀라게 된다. 5년 전부터 매년 10월 초가 되면 강릉시에서는 안목해변에서 커피축제를 개최한다. 강릉 여행에서 놓치지 말아야 할 것은 안목 해변에서 멋진 경치를 보며 한 잔의 커피를 마시는 일이다.

가을 여행객들에게 권하는 세 가지 강릉의 맛이 있다. 가을 물길따라 몰려온 오징어가 넘쳐나는 주문진 항구에서 먹는 오징어 회와 각종 오징어 요리가 첫 번째요, 강릉의 맑은 물과 간이 적당한 바닷물로 만든 초당동의 초당 두부를 먹는 일이 두 번째요, 맛과 향기가 독특한 안목 해변의 커피를 마시는 일이 세 번째다.

수려한 오대산의 풍광을 배경으로 정동진의 낭만을 블랜딩하여, 눈앞에 펼쳐진 동해를 조망하며 마시는 한 잔의 커피는 상상만으로도 즐거운 여행객의 호사가 된다.

강릉 안목 해변이 커피 명소가 된 데는 나름 이유가 있다. 한국 바리스타 제 1세대라는 박이추 선생은 소위 1서3박(서정달, 박원준, 박상홍, 박이추) 중 한 사람이다. 재일교포 3세로 일본에서 커피 공부를 하고 서울 안암동에서 커피 전문점 '보헤미안'을 운영하다가, 15년 전 쯤 강릉 연곡에서 보헤미안 2호점을 열었다. 이곳에서 일주일에 사흘을 일반인을 대상으로 바리스타 교육을 해 강릉에는 다수의 커피 매니아와 바리스타가 생겨나게 된다. 박이추 선생이 양성한 바리스타들이 안목 해변에

보헤미안 내부 전경. 한국 바리스타 제 1세대 박이추 선생은 소위 1서 3박(서정달, 박원준, 박상홍, 박이추) 중 한 사람으로 아직도 보헤미안에서 직접 커피를 뽑아준다.

'보헤미안' 표지판

'테라로사' 입구

터를 잡고 커피집을 운영하게 되는데, 같은 업종의 사업자가 한곳에 모여 있으면 장사가 더욱 잘 된다 했던가? 이러한 사실이 전국으로 알려지면서 안목 해변은 커피 명소가 되었다.

강릉하면 나이 지긋한 사람들은 경포대, 오죽헌, 신사임당, 대관령, 허난설헌 등등을 떠올리지만 대부분의 젊은이들은 보헤미안, 테라로사, 하슬라, 명주사랑채, 쉘리스 등 커피 전문점을 먼저 떠올린다.

커피는 에티오피아에서 처음 마시기 시작했다. caffe라는 말은 에티오피아 어로 '힘'이라는 뜻을 갖고 있다. 9세기경 목동 '칼디'가 염소를 기르다가 붉은 커피 열매를 먹고 흥분한 염소를 보고 커피의 효능을 알게 되었다. 발견 초기에는 힘을 내게 하는 신비한 열매 정도로 알았지만, 곧 그것이 카페인의 각성 효과나 흥분 효과란 사실을 알게 되었다. 커피를 최초로 재배한 곳은 아라비아의 예멘이다.

17세기 식민지 개척 시대에는 커피가 유럽의 기호음료가 되어 선풍적인 인기를 얻었다. 기회 포착을 잘 하는 네덜란드인들이 상업적 목적으로 커피나무를 인도네시아 자바 섬에 몰래 이식했고, 이를 계기로 커피가 동남아시아에 널리 퍼지게 되었다.

중세까지만 해도 이슬람 국가에서 음용하던 커피가 십자군 원정 이후 유럽으로 퍼져 나갔다. 유럽에서는 지금도 커피를 '사악한 검은 나무의 썩은 물', '악마의 유혹', '이슬람의 와인'이라 부른다. 술을 마시는 것이 율법으로 금지된 무슬림 세계에서 커피를 상음한 것은 당연한 것으로 보인다. 오스만터키 제국 시절에는 '남편이 하루에 필요로 하는 만큼의 커피를 구해오지 못하면, 여자가 남편을 상대로 이혼을 청구할 수 있는 법적 권리'까지 부여하고 있다.

이러한 이슬람교도의 음료가 유럽으로 퍼져 나간 것이다. 19세기 프랑스 소설가 발자크는 하루 50잔의 커피를 마신 것으로 유명하다.

백작 부인에게 청혼하고 결혼 지참금을 마련하기 위해 하루 50잔의 커피를 마시며 밤낮없이 글을 쓰는 발자크를 상상해 보라. 발자크는 청혼 후 18년이 지나 51세에 마침내 백작부인과 결혼하게 되지만 카페인 중독으로 몇 달 만에 죽게 된다. 발자크에게는 커피가 '악마의 유혹'이 된 것이다.

미국은 영국 식민지 시절 보스톤 차 사건을 겪게 된다. 영국이 수입 홍차에 부과한 세금 때문에 일어난 보스톤 차 사건은 미국 독립운동의 시발점이 된다. 당시 홍차를 마시지 않는 것이 독립운동이었고 애국의 길이었다. 커피를 마시는 것이 자유의 상징이 된 덕분인지 미국은 현재 세계 최대의 커피 소비국이 되었다.

터키 속담에 '커피는 지옥처럼 검고, 죽음처럼 강하고, 사랑처럼 달콤하다'는 말이 있다. 밤을 새워 구도하는 수도승, 백작 부인과 결혼하기 위해 글을 쓴 발자크, 전방에서 불침번을 서는 군인, 사랑하는 청춘남녀에 이르기까지 커피는 이제 모든 사람들이 찾는 세계적인 기호음료가 되었다.

한국의 커피 문화는 과시욕이나 명품 소비 심리와 유사해 보인다. 혹자는 대량의 고급커피를 소비하는 한국을 '커피 공화국'이라 부르기도 한다. 유길준은 『서유견문록』에서 중국을 통해 커피가 전래되었다고 언급하고 있다. 아관파천으로 고종이 러시아 공관에 머물면서 커피를 접하고 마침내 커피 애호가가 되었다는 기록도 있다. 최초의 다방은 1913년 남대문역 앞에 문을 연 깃사텐喫茶店이다. 시인 이상이 1933년에 살던 집을 팔아 '제비다방'을 운영한 사실은 널리 알려져 있다. 그 후 한국전쟁으로 미군이 진주하면서 인스턴트 커피가 보급되었다. 1960년대 말에서 70년대에 이르기까지 그 시대의 트렌드 어로 다방, 마담, 레지, 모닝커피가 있다. 날계란 노른자에 참기름 두어 방울을 넣은

안목해변에는 횟집보다 커피집이 많다.

모닝커피는 폭발적인 인기를 얻으며 한국 사회에 커피 상음화常飮化를 불러온다. 영화배우 안성기가 묘한 미소를 지으며 커피광고를 한 것도 상음화에 한 몫 한 것으로 보인다.

최초로 맛보는 인생의 쓴 맛을 커피 맛이라 한다. MJC커피가 미제 커피의 약자라며 키득거렸던 시절도 있었다. 펄 시스터즈가 부른 '커피 한 잔'이란 노래를 흥얼거리기도 했고, 1999년 신촌에 스타벅스 1호점이 들어왔을 때는 코카콜라, 피자헛, KFC와 같은 미국문화의 첨병이 한국문화를 천박하게 만들 것이라고 흥분한 적도 있었다.

수준 낮다 욕하지 마시라. 나는 동서식품에서 제조 판매하는 커피를 마셔 왔기에, 지금도 가끔씩 노란 비닐봉지에 든 '맥심 봉지 커피'를 즐긴다. 원두커피 전문점에서 테이크아웃한 핸드 드립 커피를 홀짝이는 모습이 아직도 내게는 양복 입고 갓 쓴 이의 모습처럼 어색하다.

유명 브랜드의 로고가 선명한 종이 커피 잔을 들고 거리를 활보하는 것이 젊은이들의 문화가 되었다. 신세대의 트렌드를 따라잡지 못하면 도태되어야 할 나이가 아닌가? 도태될 수도 있다는 두려움에 가끔 테이크아웃 커피를 홀짝여보지만 아직은 낯선 느낌이 든다. 보리밥을 먹고 나서 코카콜라를 마시는 기분이라고 할까.

옛날 다방에 앉아 마담에게 1-2-2 커피(커피 한 스푼, 크림 두 스푼, 설탕 두 스푼) 아니면 2-2-2 커피를 주문하던 시절이 그리워진다. 그런 옛날식 다방에 앉아 도라지 위스키 한 잔을 마시고 싶다는 것은 너무 낭만적인 바람인가?

1970년대 대구 동성로에는 '아세아 다방'이 있었다. 그때 DJ를 보던 다리 저는 아가씨는 좁은 부스에서 힘들게 LP판을 턴테이블에 올렸는데 아직도 무탈하신가? 어느 하늘 아래서 나처럼 늙어가고 있는가?

경치 좋은 강릉시 안목 해변의 커피 전문점에 앉아 창밖에 펼쳐진 멋진 바다를 보며 옛 생각에 잠긴다. 가야 할 길을 잊고 이런저런 생각을 하노라니 여기저기 불이 켜지고, 별빛 내리는 밤이 온다. 별빛과 불빛 중 어느 것이 더 아름다울까 하는 부질없는 생각도 든다.

밤바다가 시원하게 가슴에 밀려온다. 바다 멀리 등대라도 하나 있었으면 좋겠다.

커피전문점 '테라로사' 내부 모습

허난설헌許蘭雪軒

강릉은 동예족東濊族이 살던 곳이다. 강릉에는 아직도 동예족의 정신과 기상이 남아 있다. 강릉의 옛 지명은 하슬라何瑟羅였다. 삼국이 정립하던 시절에 하슬라는 남하정책을 편 고구려와 북방진출을 꾀한 신라 모두에게 전략적 요충지였다. 고구려가 북방 정책에 치중해 만주 지역의 옛 부여 땅을 두고 한나라와 대립한 까닭에 강릉은 자연스럽게 신라의 차지가 되었다. 통일신라시대에는 명주溟洲라 불리었고, 고려 말부터 지금까지 강릉으로 불리고 있다.

강릉에는 오대산에서 발원한 개울이 모여 남대천, 신리천, 연곡천, 정동천 등을 이루어 흐르고 있고, 해안 주변에는 경포호를 비롯한 해안 사구海岸砂丘와 석호潟湖가 발달해 있다. 남쪽 옥계玉溪의 우아한 해송림海松林을 따라 정동진-안인-안목-경포-연곡-주문진-남애-죽도정에 이르는 바다 풍경이 아름답다. 걷기 길을 따라 잘 가꾸어진 해송림은 멀리 펼쳐진 오대산의 수려한 자태와 기막히게 조화를 이루며 여행객의 눈을 즐겁게 한다.

강릉은 수 많은 문인을 배출한 문향文鄕이다. 강릉에는 공자의 진영을 봉안한 오봉서원五峰書院과 이율곡을 배향한 송담서원松潭書院이 있고, 애틋한 창건설화를 가진 사찰이 산재해 있다. 전국적인 문화 행사인 강릉 단오제도 열린다. 오죽헌의 사임당 교육원에서 배출된 인재들이 강릉을 더욱 강릉답게 하는 곳이 바로 강릉이다.

경포호鏡浦湖는 강릉, 양양, 속초, 고성에 산재한 모든 해안 석호와 유사한 전설을 간직하고 있다. 옛날에 큰 부자가 탁발승에게 몹쓸 짓

허균 · 허난설헌 기념관
가을 단풍에 곱게 물든 허난설헌 생가

생가 앞에 세워진 난설헌 허초희 동상

을 하여 살던 집이 물에 잠기어 호수가 되었다는 전설이다. 멀리 속초의 송지호松池湖나 고성의 화진포호花津浦湖 전설과 같은 페이소스로 부자나 권력자가 지녀야 할 올바른 마음 자세와 처세술을 말해주고 있다. 바닷가 해신당은 남근숭배와 궤를 같이하는 이야기가 전해지고, 성황당이나 서낭당도 다른 곳과 다름없는 전설이 얽혀 있다.

강릉 초당동草堂洞은 초당 두부로 유명하다. 최초의 한글소설『홍길동전洪吉童傳』을 쓴 허균의 아버지 허엽許曄의 호가 초당草堂이다. 초당두부는 초당 허엽이 만든 일종의 두부 요리다. 허엽은 벼슬살이를 하면서 고향의 맛을 잊지 못해 강릉의 맑은 물과 동해의 소금물로 초당두부를 자주 만들어 먹었다. 이 두부를 먹어본 사람들의 입을 통해 그 맛이 널리 알려져 이를 찾는 사람이 많아졌다. 초당두부를 찾는 이를 위해 판매망까지 갖추게 되었는데 이 때문에 허엽은 사대부가 상업에 종사한다고 탄핵 받아 잠시 관직에서 물러나기도 했다.

난설헌의 시 '곡자(哭子)'. 아들을 먼저 보낸 어머니의 애절한 마음이 잘 드러나 있다.

허엽은 두 번 결혼했는데, 전실인 한씨에게서 아들 허성許筬과 딸 둘을 두었다. 후실인 강릉 김씨에게서 허봉許篈, 허초희許初姬, 蘭雪軒, 허균許筠을 두었다. 강릉 김씨는 계실繼室이니 허균이 서자 출신이란 세간의 말은 맞지 않다. 허엽, 허성, 허봉, 허초희, 허균의 집안을 조선시대 최대의 문장 가문이라 한다.

초당 허엽은 양천 허씨다. 양천 허씨는 가락국 시조 김수로왕비 허황옥을 시조로 하는 김해 허씨에서 분파해 고려 시대부터 번성한 가문이다. 허엽은 화담 서경덕徐敬德과 퇴계 이황李滉에게 학문을 배워 서애 류성룡柳成龍과 함께 동인의 우두머리로 활약했다. 벼슬은 대사성, 대사헌, 부제학 등을 지냈으며, 경상도 관찰사로 나갔다가 병을 얻어 서울로 돌아오던 중 상주 객관에서 63세로 객사했다. 당시 허초희 17세, 허균 11세였다.

허성許筬은 문재가 뛰어나고 비범한 시각을 가진 인물이었다. 그는 임란 전 조선통신사 서장관書狀官으로 일본에 다녀온 동인이었지만 부사 김성일金誠一과 달리 왜구의 침략을 예견했다. 왜구의 침략을 예언한 혜안과 당파를 초월한 그 심지가 놀랍다.

허봉許篈은 호방한 천성을 지닌 인물이었다. 아버지 허엽과 함께 동인의 핵심 인물로 활약하다가 당쟁의 소용돌이에 휘말려 유배생활하던 중, 금강산 근처에서 38세로 객사했다. 문장이 뛰어나고 자유분방했던 허봉은 동생 허초희와 허균에게 많은 영향을 주었다.

허초희와 허균에게 시를 가르친 이는 손곡 이달蓀谷 李達이다. 그는 원주 손곡동에 살았기에 아호를 손곡으로 했다. 이달은 문재가 뛰어났으나 서자인 까닭에 벼슬길에 오르지 못하고 시와 술, 방랑으로 평생을 보낸 인물이다. 막역한 친구 허봉의 부탁으로 허초희와 허균에게 시를 가르치게 되었는데, 이달의 한恨은 허균에게 내면화되어 『홍길동전』으로 그 모양을 드러내게 된다.

허초희許初姬는 당시 국제적인 베스트 셀러가 된 『난설헌집蘭雪軒集』을 지은 문장가다. 당시의 남존여비 사회구조에서 여자들이 천대받던 시절이었다. 난설헌의 삶도 고통과 한의 연속이었다. 결혼 초에 시작된 남편과 불화, 고부갈등姑婦葛藤, 아들·딸을 먼저 땅에 묻어야만 했던 슬픔, 친정의 연이은 불행…. 난설헌은 그러한 고독과 절망이 준 아픔을 시로 승화했다.

『난설헌집』은 그녀가 죽은 후 동생 허균의 노력으로 세상에 알려지게 되었다. 난설헌은 허균이 말한 것처럼, "왜 조선에서 태어났는가? 왜 여자로 태어났는가? 왜 김성립의 아내가 되었는가?"하는 세 가지 한을 품고 살다 간 비운의 여자였다. 난설헌은 27세의 짧은 삶을 살다 갔지만 210편의 시를 지은 시인이었고, 수묵 담채화와 난초화를 즐겨 그린 화가였다. 죽은 아들·딸을 위해 지은 '곡자哭子'는 읽는 이의 가슴을 저미게 하고, '채련곡採蓮曲'은 여성의 섬세함으로 사랑, 이별, 그리움, 고독을 담담하게 표현하고 있다. '유선시遊仙詩', '빈녀음貧女吟'도 상상력을 무한히 자극한다. 난설헌은 규방 여인의 한과 정서를 남김없이 드러낸 규방가사閨房歌詞 '규원가閨怨歌'를 쓰기도 했다. 억압된 사회에서 끊임없이 고민하며 그러나 떳떳하게 살아간 그녀의 향기는, 생가生家가 있는 강릉시 초당동의 '허균·허난설헌 기념관' 앞에 서면 더욱 진하게 느껴진다.

오동나무는 천 년이 흘러도 항상 그 음률을 간직하고, 매화는 평생을 추위에 떨어도 함부로 향기를 팔지 않는다(동천년노항장곡桐千年老恒藏曲 매일생한불매향梅一生寒不賣香-申欽의 詩)고 했던가? 소나무 향기가 코를 찌르는 그녀의 집 앞에 서서 고통스러웠던 그녀의 삶을 돌아본다.

허균許筠

교산蛟山 허균의 스승은 서얼차별庶孼差別로 평생을 불우하게 보낸 손곡 이달蓀谷 李達이다. 허균은 스승의 영향을 받아 서얼 출신 문인들과 자주 어울렸다. 그는 자유주의 사상을 가진 인물로 사회제도의 모순을 비판하였다. 불교의 평등사상을 받아들여 중생제도에 관심을 갖기도 하였다. 양명 좌파사상陽明左派思想에 심취하여 급진 개혁을 주도했고, 광해군 10년(1618)에 하인준, 김개, 김우성과 반란을 모의했다 하여 처형당한 조선시대 최고의 아웃사이더였다.

허균은 강릉시 사천면 사천리 교산 자락에서 출생하여 호를 교산蛟山이라 했다. 교산은 오대산 자락이 용이 되지 못하고 이무기가 기어가듯 구불구불한 모양이라 해서 붙은 이름이다. 그가 11세 되던 해에 아버지 허엽이 상주 객관에서 병사하고, 20세에 많은 영향을 준 형 허봉이 금강산 근처에서 객사했다. 22세 때 누나 허초희가 사망하고, 임진왜란이 일어난 24세에는 임신한 아내가 아이와 함께 피난길에서 죽게 된다. 39세에는 공주 목사로 부임하였지만 불상을 모시고 불경을 읽었다는 상소로 파직되기도 하였고, 황해 도사 시절에는 기생을 관아에 불러들였다는 죄목으로 파직되기도 하였다. 수안 군수 시절에는 부처를 받들고 토호를 함부로 다루었다는 죄목으로 파직되고, 51세에는 반역죄로 능지처참陵遲處斬된다.

조선시대를 통틀어 관심을 끌고 있는 세 사람이 있다. 교산 허균, 추사 김정희, 임꺽정이 바로 그들이다. 금석문의 대가로 명필인 추사는 유배지 제주도에 세한도歲寒圖를 비롯하여 그의 체취를 흠뻑 느낄 수 있

허균 · 허난설헌 생가에 있는 허엽, 허성, 허봉, 허난설헌, 허균 시비

허균 · 허난설헌 생가의 내부모습

사천진리의 교문암(蛟門巖). 교산의 구릉과 사천의 시내가 나란히 바다로 들어가는 백사장에 교문암이 있고, 교룡(蛟龍)이 그 밑바닥에 엎드려 있었다는 교문암의 유래를 따서 허균은 호를 교산(蛟山)으로 했다.

허균 · 허난설헌 기념관

는 수 많은 일화와 글씨를 남겨 두고 있다. 벽초 홍명희洪命熹가 소설로 그려낸 백정 임꺽정林巨正도 풍운아風雲兒 기질이 다분하다. 그러나 이 셋의 사상과 행적을 살펴보면 허균이 가장 혁명가답다.

'모든 혁명은 아름답다. 그러나 슬프다'고 했던가? 실패한 혁명은 더더욱 슬프다. 세상을 조롱하며 살다간 허균은 시대를 잘못 태어난 풍운아이자 혁명가였다. 누이의 문집인 『난설헌집』의 발문에서 허초희를 일러 '조선에서 여자로 태어나 무능한 남편을 만난 것이 잘못'이라 했듯, 허균도 '조선에서 혁명가로 태어나 시대를 만나지 못한 것이 잘못'이었다.

허균과 가깝게 지낸 비범한 인재들이 불우한 삶을 살았던 것도 같은 이유일 것이다. 허균과 통음한 후 귀가하다 타고 있던 나귀가 돌부리에 걸려 낙상사한 명필 한석봉韓石峯도 그러하고, 길 위에서 얼어 죽은 걸인화가 이정李霆도 그러하고, 동대문 시장에서 술 마시고 맞아 죽은 권필權韠도 그러하다. 허균과 플라토닉 러브로 더욱 유명해진 시인이자 기생인 이매창李梅窓은 전라도 부안 거리에서 피를 토하고 죽었다.

허균은 부조리한 세상을 한탄하고 분노하며 민초를 위한 한글소설 『홍길동전洪吉童傳』을 썼다. 홍길동은 바로 허균 자신이다. 허균이 홍길동을 내세워 건설하고자 한 이상국가 율도국栗島國은 어디 있는가? 『홍길동전』에서 그려낸 이상국 율도에서 식욕과 성욕은 하늘이 준 본성이니 부끄럽지 않다며 '이화우 흩날릴 제 울며 잡고 이별한 님'인 이매창과 즐기고 있을 것인가?

부당한 서얼차별이 없고, 재주를 능력껏 발휘하면서 살 수 있는 이상향에서 마음껏 자신의 재능을 발휘하고 있는가? 재능이 수승하여 하나를 들으면 열을 알았다는 홍길동이나 부조리하고 답답한 세상을 부조리하거나 답답하다고 말 못하는 홍길동은 바로 허균 자신이다.

호부호형을 못하는 홍길동이지만, 신통한 조화술을 배워 마침내 이상국가인 율도국을 건설하는 홍길동이고, 허균이다.

율도는 전라도 부안 변산 바닷가의 어느 섬이라 한다. 부안 기생 이매창과 함께 거닐던 변산 바닷가 고군산열도가 홍길동이 살던 율도라고 추측하지만….

'책을 보려면 눈으로 보지 말고, 항상 마음으로 보라. 그렇지 않으면 팔만대장경을 보아도 남는 것이 없다'던 서산 대사의 당부를 항상 마음에 새기며 살아간 허균이다. 부조리가 판치는 사회를 마음껏 풍자하며 치열하게 살다간 허균이다. 너무 치열하여 그러한가? 그를 생각하면 몸이 떨려온다. 소나무 향이 좋은 도시, 솔향 강릉의 초당동을 가로지르는 난설헌로蘭雪軒路를 따라 걸어가며 허균의 생애를 되짚어 본다.

실패한 혁명가-얼마나 아름답고 슬픈 이름이냐?

PART 10

양양 구간

41코스

주문진해변~죽도정입구

총거리 12.2km/소요시간 4시간 10분

42코스

죽도정입구~하조대해변

총거리 9.6km/소요시간 3시간 10분

43코스

하조대해변~수산항

총거리 9.4km/소요시간 3시간 10분

44코스

수산항~속초해맞이공원

총거리 12.5km/소요시간 4시간 30분

해파랑가게

개관 꿈이 이루어지는 곳, 양양襄陽

일상의 무료함과 타성에 갇혀 생활이 시들해질 때, 매일 먹는 밥과 빵과 커피가 제 맛이 아니라고 느낄 때, 어딘가 여행을 떠날 때가 되었음을 알게 된다. 그리고 여행을 떠나려고 마음먹는 순간부터 나는 행복해진다.

여행에서 접한 것은 일상보다 강렬한 기억을 남기고, 여행의 기억은 삶 속에 서서히 스며들어 생활의 자양분이 되어 넉넉하고 여유로운 마음을 만들어 준다. 생소한 곳을 걷는 일은 새로움에 가슴 설레게 하고, 즐거웠거나 힘들었던 지난 삶을 되돌아보게 하고, 새로운 추억을 만들어 준다. 함께 걷는 사람과 만든 추억은 오랫동안 기억에 남아 귓전을 울리는 쟁쟁한 소리가 된다.

인간을 지구별 여행자라고 한다. 인생이란 잠시 왔다 가는 여행이다. 행복한 인생이고 멋진 추억이 가득한 지구별 여행이길 기원해 본다. 여행은 항상 행복을 얻기 위한 떠남이 아니겠는가? 불행을 얻기 위해 떠나는 여행이 있는가?

천상병千祥炳이 '귀천歸天'에서 노래한 것처럼 소풍 끝내고 돌아가서 참으로 아름다웠노라 말할 수 있는 여행이기를 기원해 본다.

양양襄陽은 중국 호북성의 양양 지역과 자연 환경이 비슷해 붙은 이름이다. 양양 구간 걷기는 멋진 소풍을 하면서 자연 경치나 내면의 행복을 만끽할 수 있는 구간이다. 점봉산, 설악산으로 이어지는 산의 수려한 모습도 멋져서 곳곳마다 멋진 추억을 만들 수 있는 곳이다.

하조대 주변 해변은 경탄이 절로나는 곳이다.

38선 휴게소

양양군 현남면 인구해변과 죽도해변 사이에 있는 죽도정(竹島亭). 여기에서 생산되는 장죽은 강인하고 전시(箭矢)에 사용하기에 좋아 매년 조정에 진상하였다. 주변의 기암괴석이 멋지고 동해안 일출 광경을 가장 멋지게 볼 수 있는 장소이다.

죽도정에서 바라본 죽도해변

낙산사 의상대 전경

현남면 죽도의 죽도암

해파랑길 양양구간은 비교적 짧은 30km 정도이다. 현남면 원포 해변에서 시작하는 양양 구간은, 남애 해변–휴휴암–광진 해변–죽도정–기사문 해변–38선 휴게소–하조대–오산 해변–낙산 대교–낙산사–설악 해변을 지나 양양 공항 삼거리 물치교까지다. 물치교를 건너면 행정 구역은 속초시가 된다. 설악산을 넘어올 때 한계령을 지나면 양양이 되고, 미시령 터널을 지나면 속초가 된다.

양양이 자랑하는 사찰은 물론 낙산사지만, 한국 불교사에서 매우 중요한 사찰은 진전사陳田寺와 선림원터禪林院址다. 하조대 주변 해변은 경탄이 절로 나는 곳이고, 남대천 주변도 돌아보아야 할 곳이다.

불교의 생명력은 마음 사상이다. 불교가 이천오백 년 간 긴 생명력을 유지한 것은 계율도 아니고, 경전도 아니고, 오직 자기 자신의 마음을 바로 보라는 것이었다. 마음을 어떻게 보고, 어떻게 다스리고, 그 마음을 어디에 둘 것인가가 불교의 핵심이다. 팔만사천의 대장경을 솥에다 넣어 푹 삶아내면, 마음 하나만 남는다는 말도 있다.

신라 시대까지 불교는 대부분 교종教宗 중심이었다. 신라 말 구산선문九山禪門이 형성되면서 불교는 선종禪宗으로 서서히 옮겨가는데, 이 선종의 시조가 도의 선사이다. 그래서 도의 선사를 대한불교 조계종의 종조宗祖라 한다.

진전사陳田寺는 도의 선사가 창건했다. 도의 선사는 당나라에서 마조도일 문하의 서당지장에게 공부하고 선종을 신라에 소개했다. 직지인심直旨人心 견성성불見性成佛이라는 육조 혜능의 남종선을 배워 신라에 이식시키려 했으나, 이단으로 배척받자 은신한 곳이 진전사다. 도의 선사의 제자가 염거 화상이고, 염거 화상의 제자가 보조 선사이다. 보조 선사가 널리 퍼뜨린 선종은, 후삼국 시대 지방 호족의 비호를 받으며 구산선문九山禪門으로 발전하였다. 강릉시 구정면에는 구산선문의 하나인 사굴산문闍崛山門이 있었고, 지금도 굴산사지堀山寺址 당간지주와 석불좌상 등이 남아서 옛 모습을 추측케 한다.

선림원터禪林院址는 순응順應법사가 창건하였는데, 그는 합천 해인사를 창건한 인물이다. 의상대사가 이끌던 신라불교 화엄종파에서 세운 선림원은 이후 불교가 선종으로 발전하는데 중요한 역할을 담당하였다.

낙산사洛山寺는 전화戰禍와 화재를 피할 수 없었던 사찰이었다. 임진왜란과 몽고침입, 한국전쟁과 2005년 화재 등으로 수시로 불에 탔다. 화엄학의 대가 의상대사가 관음보살을 만난 곳에 낙산사를 창건하였는데, 낙산사란 인도 관음보살의 상주처常主處인 보타낙가산普陀洛迦山에서 유래되었다. 원효도 관음보살을 만나러 낙산사를 찾아왔지만 만나지 못한 것은, 불국토를 건설하고자 했던 신라 불교의 지배논리와 맥을 같이하고 있다. 의상대사가 관음보살을 친견한 바위굴에 세워진 홍련암紅蓮庵과, 전망 좋은 의상대義湘臺, 일반 사찰의 일주문에 해당하는 무지개 모양의 돌문인 홍예문虹霓門, 관음보살을 모신 원통보전과 그 앞의 칠층석탑 그리고 아름답기로 유명한 담장, 해수관음상 등이 낙산사에서 이름난 곳이다.

낙산사는 '꿈이 이루어지는 곳'이라고 한다. 창건설화나 조신설화도 그러하고, 사찰 내에 잘 정비된 산책로나 담장이나 석물에도 '꿈이 이루어지는 곳'이란 표시가 분명하다.

강릉시 구정면 굴산사지 당간지주

조신調信의 꿈

병이 심장 아래 부분에서 횡경막 윗부분에 침입하면 천석고황泉石膏肓이 된다. 천석고황은 고질병이라 치료할 수 없다. 꿈 없이 사는 사람은 없지만 꿈도 일종의 고질병처럼 보인다. 동서고금에는 수 없이 많은 꿈 이야기가 있고, 해몽법도 가지가지다. 눈 위에 새겨진 기러기 발자국처럼 눈 녹으면 사라지는 게 꿈이고, 인생이다. 사람살이 머문 곳이 무엇과 같은지 아는가? 눈 위에 잠시 쉬어간 기러기 발자국 같은 것.(인생도처지하사人生到處知何似 응사비홍답설니應似飛鴻踏雪泥 –蘇東坡의 詩)

장자는 꿈속에서 나비가 되어 훨훨 날아다니다가 꿈을 깨어 '내가 사람으로 나비 꿈을 꾸는지, 나비로서 사람 꿈을 꾸는지 알 수 없다'고 했다. 불교에도 꿈 이야기가 많다. 부처님의 탄생부터 마야부인의 꿈으로 시작되어 금강경 사구게四句偈나 고승들의 오도송悟道頌, 열반송涅槃頌에 이르기까지 꿈 이야기가 여기저기 흘러 다닌다.

남가지몽南柯之夢은 남쪽 가지에 걸린 꿈이라는 뜻이다. 당나라 시절 순우분淳于棼이라는 사람이 개미왕국의 재상이 되어 부귀영화를 누리다가 깨어보니 개미집 옆에서 꾼 꿈이었다. 한단지몽邯鄲之夢이란 말도 있다. 옛 조나라의 서울이자 진시황의 고향인 한단邯鄲에 살던 노생盧生이라는 사람이 신선술을 익힌 여옹呂翁이 주는 구멍 뚫린 도자기 베개를 베고 조밥黃粱 한 그릇 짓는 동안 꾼 꿈이다. 조밥 한 그릇 짓는 동안 꿈속에서 80세까지 부귀영화를 누린 노생의 꿈이기에 노생지몽盧生之夢, 일취지몽一炊之夢, 황량몽黃粱夢, 여옹침呂翁枕이라고 한다.

주나라 시절 회화나무가 학자수, 행복수, 출세수라 하여 회화나무를 심으면 출세한다는 믿음이 있었다. 그래서 사람들은 출세하기 위해

낙산사 홍예문(虹霓門)

낙산사 해수관음상(海水觀音像).

낙산사 의상기념관 앞의 '길에서 길을 묻다(걷기 길에서 삶의 바른 길을 묻다)' 석물(石物)

낙산사 홍련암, 남해 보리암, 강화 보문사는 한국 3대 관음성지이다.
낙산사에는 '꿈이 시작되는 길'과 '꿈이 이루어지는 길'이 있다. 조신의 꿈도 해수관음상에서 시작되었다.

서, 그리고 출세한 후에 앞 다투어 회화나무를 심었기에 괴안몽槐安夢이란 말도 생겨났다. 괴목槐木 즉, 회화나무 또는 느티나무는 길상수吉祥樹이기에 출세한 사람들은 지금도 여기저기에 기념식수를 한다.

꿈꾸는 방법을 모르면 꿈은 이루어지지 않는다는 말이 있다. 꿈을 어떻게 해석하느냐 하는 것도 사람마다 다르다. 프로이트는 꿈의 성적性的인 면을 강조하였고, 칼 융은 꿈이 고도의 상징성을 가진데 주목해 꿈을 이리저리 분류했다.

허준의 『동의보감』에서는 꿈을 대체로 건강하지 못한 신체 상태나 정신이 안정되지 않은 상태에서 나타나는 현상이라 보고 있다. 그래서 나쁜 꿈을 꾸지 않으려면 얼굴을 동쪽으로 해서 누워 '나쁜 꿈은 초목에 가서 붙고, 좋은 꿈은 주옥을 이루어라'고 주문을 외우면, 꿈 없는 잠을 잘 수 있다고 한다. 또한 동서양이 꿈을 보는 견해가 다르다. 삶을 보는 견해가 다른 것처럼, 꿈은 사람마다 각기 다른 의미로 다가온다.

옛 이야기나 문학작품에도 무수히 많은 꿈 이야기가 등장한다. 몽자류소설夢字類小說이 얼마나 많은가? 홍루몽, 옥루몽, 원생몽유록, 구운몽에서 제임스 조이스의 '율리시즈'에 이르기까지….

『삼국유사』에는 '조신의 꿈' 이야기가 있다. 신라 시대 조신調信이란 스님이 명주(강릉의 옛 이름)에 있는 사찰 관리인(주지일 것이다)으로 갔다가, 태수 김흔의 딸을 보고 연모의 정을 느낀다. 스님으로 올라가지 못할 나무를 올려다 본 것이다. 꿈에 높낮이가 있는지 모르겠지만, 스님은 너무 높은 꿈을 꾸었다. 이룰 수 없는 사랑은 비극이 되는데, 조신의 꿈은 돌파구를 찾게 된다. 꿈을 통해서다. 그가 시집 간 강릉태수의 딸과 부부의 연을 맺게 해 달라고 낙산사 관세음보살에게 지극 정성으로 기원한 결과 마침내 꿈속에서 그녀와 사랑하게 된다.

태수 딸과 혼인한 조신은 고향으로 내려가 40년을 살면서 자식을 여럿 낳는다. 그러나 살림이 너무나 곤궁하여 큰 아들은 굶어죽고, 딸은 구걸하다가 개에게 물려죽는 변을 당한다. 생활고로 도저히 가정을 꾸려갈 수 없게 되자 자식을 두 명씩 데리고 부부가 헤어지는 찰나 꿈을 깨게 된다. 관세음보살 앞에서 기도를 하다가 깜박 잠이 들어 꿈을 꾸었다는 사실을 알게 된다. 꿈에서 깨어나니 날이 저물어 밤이 이슥했다. 꿈속에서 겪은 것이 얼마나 힘들었던지 머리카락은 하얗게 세었다 한다. 꿈속에서 죽은 아이 묻은 곳을 파 보니 돌미륵이 나왔다. 조신은 그곳에 정토사란 절을 짓고, 불도에 전념하며 여생을 살았다. 그야말로 그의 꿈은 일장춘몽, 한단지몽, 남가지몽이었다. 그때부터 조신은 인생이 덧없음을 깊이 깨닫고 불도를 닦는데 힘썼다는 이야기이다.

'조신의 꿈'은 정토사란 사찰의 건립 연유를 설명하고 있고, 서포 김만중이 쓴 『구운몽』의 창작 모티브가 되기도 했다. 그래서 조신의 꿈을 사찰 연기설화緣起說話 또는 몽자류夢字類 소설의 근원이라 말한다.

꿈에는 이중구조나 삼중구조도 있다. 꿈속에서 다시 꿈을 꾸는 것을 꿈의 이중구조라고 한다. 장자 호접몽은 꿈의 이중구조를 간접적으로 보여 준다.

오늘도 먼 길을 걸어 낙산 비치 호텔에 도착했다. 바닷가를 돌아 계단을 오르니 낙산사 후문 기념품 가게 옆이다. 후문에서 멀리 동해 바다의 멋진 경치를 조망하고, 경건한 발걸음으로 낙산사에 들어선다. 2005년 산불로 낙산사가 전소되고 다시 단장한 의상기념관 앞에서 의상대로 가는 길에 '길에서 길을 묻다'라는 돌이 놓여 있다. 그래, 우리 모두는 지구별 여행자였지. 여행자는 길 위에서 길을 묻는 법. 꿈속에서 꿈을 꾸는 것과 같은 이치리라. 홍련암을 거쳐 연꽃 무성한 못을 지나, 해수관음상 앞에 앉아 오랫동안 조신의 꿈을 생각한다.

곰곰이 생각해 보니, 모든 것이 꿈속의 꿈이다.

연어 이야기

10월이 되면 양양에서는 연어축제가 열리고 고성에서는 명태축제가 열린다. 그러나 대부분의 연어와 명태는 속초의 대포항에 집산해 외지로 팔려 나간다.

연어는 모천으로 회귀回歸하는 특성이 있는데, 알을 낳고 암수 모두 죽어버린다. 암컷이 자갈밭에 구멍을 파고 알을 낳으면, 수컷이 그 위에 정자를 뿌려 수정한다. 그리고 암수 모두는 마지막 남은 힘을 다해 수정한 알을 자갈로 덮어주고 지쳐서 죽는 장엄한 광경을 연출한다.

치어는 바다로 나가 북태평양의 베링해까지 갔다가 3~4년이 지나 80cm 정도의 크기가 되면 다시 모천으로 회귀한다. 회귀율은 1% 미만이다. 새들 먹이가 되거나 강의 오염 때문에 많은 수정란과 치어가 죽어버리고, 바다로 나간 연어도 포식자에게 먹혀 돌아올 확률이 아주 적다. 그래서 소하(溯河, 알을 낳기 위해 강을 거슬러 올라가는)하는 연어를 잡아 채란採卵하여 인공수정과 부화를 해보지만 회귀하는 연어의 숫자는 점점 줄어들고 있다.

국내 최대의 연어 모천은 양양 남대천이다. 고성 북천이나 명파천, 강릉 연곡천, 울진 왕피천, 영덕 오십천도 연어의 모천이 되고 있지만 남대천이 최대의 연어 회귀천이다. 어떠한 정보 기억장치로 자기가 태어난 기수역(汽水域-바닷물과 민물이 만나는 지점)을 정확히 찾아 모천으로 돌아오는지 알 수 없지만 연어의 회귀를 생각해보면 숙연해진다. 과학자들은 기수역이 연어의 모천회귀 능력을 밝혀줄 단서가 된다고 믿고 있다.

시인 안도현은 소설 '연어', '연어 이야기'에서 눈 맑은 연어와 은빛 연어가 겪는 일생의 파노라마를 가슴 찡하게 쓰고 있다. 안도현이 '연어 이야기'에서 말하고자 한 것은, 우리 인간의 사랑법도 연어와 같아야 한다는 것이다.

> 너를 만난다는 것은 너의 배경까지 만나는 일이다.
> 너를 만난다는 것은 너의 상처와 슬픔까지 만나는 일이다.
> 너를 만난다는 것은 너의 현재만 만나는 일이 아니다.
> 네가 살아온 과거의 시간과 네가 살아갈 미래의 시간까지 만나는 일이다.

새벽 어시장에 나온 연어

PART 11

속초 구간

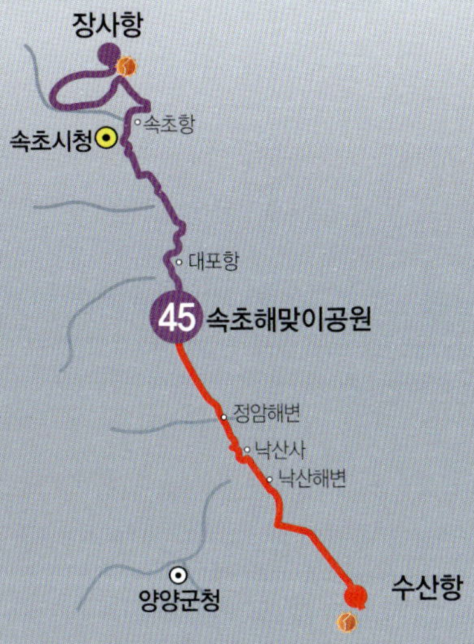

45코스

속초해맞이공원~장사항

총거리 16.9km/소요시간 5시간 40분

해파랑가게

개관 설악산 내린 물이, 속초束草

양양 낙산사洛山寺를 구경하고 설악 해변과 정암 해변을 통과하여 쌍천교를 건너면 속초 땅이 된다. 쌍천교雙川橋는 두 개의 하천을 가로지르는 다리다. 진전사가 있는 송암산松岩山에서 발원하여 회룡리回龍里를 돌아 흐르는 하천과 설악산 천불동千佛洞 계곡에서 흘러내린 물이 신흥사新興寺 앞을 지나 설악동雪岳洞을 돌아 흐르는 하천이 공교롭게도 함께 만나 기수역이 비슷하게 동해로 흘러내린다. 쌍천雙川이라 부르는 곳이다.

남설악 한계령寒溪嶺에서 내린 물은 오색을 지나 양양을 가로지르는 남대천을 만든다. 남대천은 10월부터 모천으로 회귀하는 연어로 유명한 곳이다. 설악산 북쪽의 울산바위와 미시령彌矢嶺에서 발원한 소야천所野川은 아름다운 소야팔경所野八景을 만들며 속초시를 가로질러 청초호青草湖로 흘러 들어간다.

쌍천교를 지나면 아름다운 조형물이 있는 해맞이 공원이 있는데, 이곳은 물치 마을이다. 물치-대포항-청초호-영랑호-봉포 해변-삼포 해변-청간정까지가 오늘 걷기 길이다. 20km 정도 거리다.

엉뚱한 이야기가 될지 모르지만, 18세기 영국 작가 다니엘 디포가 쓴 '로빈슨 크루소'라는 장편소설이 있다. 디포가 만년에 쓴 이 작품은 출판되자마자 폭발적인 인기를 끌었다. 주인공 크루소는 모험 항해를 떠나 폭풍으로 조난당하여 무인도에서 혼자 생활하게 된다. 크루소는 역시 무인도에 상륙한 흑인 '프라이데이'를 하인으로 삼아 생활하다가,

울산에서 온 바위라는 전설을 간직한 울산바위의 웅장한 모습

영금정. 파도소리가 맑고 울림이 오랫동안 지속되는 것은 영금정 아래의 바위모양에서 비롯되었다.

28년 만에 천신만고 끝에 구출되어 고향인 요크로 돌아온다는 이야기이다. 문제는 금요일에 만난 흑인을 '프라이데이'로 명명한 일이다.

지상의 모든 것은 이 땅에 올 때 원래 이름을 가지고 있었다. 세상에 이름 없는 꽃이 어디에 있는가? '길 가에 이름 모를 꽃이 피어 있었다'는 말은 작가의 무지를 드러내는 말에 불과하다. 같은 이유에서 흑인이 이 땅에 태어날 때는 부모가 있었고, 부모가 붙여준 이름이 있었다. 원래의 이름을 묻거나 알려고 하지 않고 금요일에 만났다고 프라이데이로 이름 붙인 것은 작가의 오만이다. 이러한 점에서 디포의 소설은 식민지 개척시대의 제국주의적인 경향을 잘 보여준다. 돌아보면 향기로운 풀 아닌 게 없고, 아름다운 꽃 아닌 게 없다. 모든 사람, 모든 사물, 심지어 모든 지명에는 반드시 역사와 연유가 있다.

생소한 곳을 여행할 때, 그 지역에 있는 지명의 유래를 알아보면 그 지방의 역사, 자연환경, 문화적인 모습이 저절로 드러난다. 속초의 무수한 지명 중에서 몇 가지를 골라, 그 지명의 유래를 밝혀보고자 한다.

속초束草–전설에 따르면, 울산바위가 여기에 와 있다 하여 울산 고을에서 매년 세금을 거두어 갔다. 속초 고을에서 부담스러운 세금 납부를 거절하며 울산바위를 도로 가져가라고 통보하였다. 울산 고을에서는 울산바위를 재로 된 새끼줄로 묶어주면 가져가겠다고 하여, 신흥사에 있던 동자승이 영랑호와 청초호에서 나는 풀로 울산바위를 묶어서 불태우니 재로 묶게 되었다는 전설에서, 속초라는 지명이 생겨났다.

영금정靈琴亭–동명항東明港 등대 밑 바닷가에 큰 바위가 있는데 파도가 치면 거문고를 뜯는 것과 같은 신묘한 소리가 들린다 하여 영금정이라 한다. 정자에서 바라보는 바다경치가 좋다.

청초호青草湖–강한 파도 때문에 바닷물이 유입되는 갯터짐 현상으로 수시로 바닷물이 유입되는 석호潟湖다. 미시령에서 발원하여 소야천을 따라 흘러드는 담수와 수시로 유입되는 해수 덕분에 항상 깨끗함을 자랑하고, 주변에는 풀이 무성하게 자란다. 동명항의 내항으로 이용된다.

영랑호永郎湖–『삼국유사』에 따르면, 신라 화랑 영랑이 금강산에서 수련을 마치고 경주로 돌아가는 길에 이곳을 지나다가 아름다운 경치에 반해 머물다가 신선이 되었다고 한다. 철새 도래지로 유명한 영랑호 둘레길은 8km 정도인데, 속초 시민들의 산책코스가 되고 있다. 둘레길을 천천히 걸으며 멀리 보이는 울산바위도 감상하고, 범바위나 관음암의 아름다운 모습에 감탄하고, 안축安軸이 쓴 영랑호 예찬비를 읽으면서, 사진 촬영을 해도 두 시간이면 충분히 걸을 수 있다. 영랑호 둘레길은 7가지 주제를 가진 멋진 걷기 길이다.

청대산靑岱山–소나무가 우거져 사철 푸른 빛을 잃지 않는 산이다. 청대산에서 내려다보는 속초 시가지나 영랑호, 청초호의 모습은 아름답기로 유명하다.

설악산雪嶽山–음력 8월이면 산꼭대기에 덮힌 눈이 다음해 하지가 되어서야 녹는다 하여 설악이라 부른다. 제2의 금강산이라 불리기도 하는데, 숨은 비경은 설악이 더 빼어나다고 한다. 북한강의 발원지이며, 외설악에서 내린 물은 남대천, 쌍천, 북천을 이루어 동해로 흘러간다. 남설악의 주전골에서 오색약수까지 가을 단풍이 아름답고, 특히 수렴동 계곡, 천불동 계곡의 단풍이나 경치는 감탄이 절로 나온다. 공룡 능선이나 화채능, 서북능은 암릉미가 빼어나고, 능선에서 좌우를 둘러보

동명항의 일출

갯배 이정표. 다리를 지나면 '속초 아바이 마을'이 있다.

청초호

영랑호

영금정에서 바라본 바다

면 동해의 원경이 아름답다. 신흥사, 백담사, 봉정암, 계조암, 오세암 등에는 숨겨진 이야기가 무궁무진하다. 폭포와 바위의 절경과 숨겨진 이야기가 설악의 명성을 더욱 높여주고 있다.

동명항東明港–동해에서 솟아오르는 해가 제일 먼저 밝히는 곳이어서 동명이라 한다. 언덕에는 등대 전망대가 있고, 근처 영금정에서 일출을 감상하거나 풍류를 즐길 수 있다.

갯배–막힌 갯목을 파서 배가 다니도록 하였는데, 중앙동과 청호동을 오가는 갯배가 운행된다.

아바이 마을–1.4후퇴 때 함경도에서 피난 온 실향민들의 집단 거주

지역이다. 소위 '38따라지'라 불리면서 홀대忽待를 당했지만 억척같은 생활력으로 지금은 오히려 사회 주류로 자리 잡았다. 아바이 순대가 유명하다. 아바이 순대가 만들어진데도 가슴 아픈 이야기가 있다.

물치-우암 송시열이 함경도에서 거제도로 유배지를 옮기게 되어 이곳을 지나게 되었는데, 폭우로 물이 불어 마을이 물에 잠기고 며칠 동안 발이 묶였다. 물에 치였다 해서 물에 치인 동네, 물치가 되었다. 물치에는 3년마다 열리는 풍어제가 유명하다. 부정굿, 성황굿, 용왕굿을 비롯해 12 마당의 굿을 하며, 용떡 놀이도 한다. 양의 기운이 절정에 달하는 음력 9월 9일인 중양절에 풍어제가 열린다. 근처에 설악 해맞이 공원이 있다.

화암사禾巖寺-신라 시대에 창건했고, 교구 본사인 신흥사의 말사다. 교통이 불편하여 찾는 사람이 드물었으나, 1991년 절 아래 야영장에서 세계 잼버리 대회가 열린 것이 계기가 되어 사세寺勢가 확장되었다. 절 앞에는 예사롭지 않은 웅장한 바위가 하나 있는데 화암禾巖 또는 수암秀巖이라 부른다. 벼 화禾자를 쓰니 쌀과 관련이 있다. 꼭대기에 바위굴이 하나 있는데 지팡이로 세 번 두드리면 적당한 양의 쌀이 나와 화암사에서 수행하는 스님이 먹기에 부족함이 없었다고 한다. 욕심을 내서 지팡이로 계속 두드리거나 구멍을 억지로 파면 쌀이 나오지 않았다 한다.

명태이야기

명태는 보살행菩薩行을 온 몸으로 실천한다. 명태는 자비보살이다. 온 몸을 바쳐 인간에게 봉사하는 자비의 화신이다. 명태는 입이 큰 대구과의 한류성 어종이다. 입이 큰 순서로 하자면 고래, 악어, 하마, 아구, 개구리 등이 있는데 그 중에서 명태만 대구과로 분류한다.

조선시대 명천明川 지방에 살던 태씨太氏인 어부가 잡았다 해서 명태라 부르게 되었다는 이야기는 가수 강산애의 '명태'라는 노래 내용으로 신빙성은 떨어진다. 명태 간에서 추출한 기름으로 불을 밝혔기에 명태라고 부른다거나, 명태 간을 먹으면 눈이 밝아진다는 데서 유래했다는 이야기가 오히려 신빙성이 있다.

명태는 깊은 바다에 살지만 산란기가 되면 산란하기에 적당한 원산만 부근으로 몰려온다. 그래서 명태하면 원산을 제일 먼저 떠올리게 된다. 원산과 가장 가까운 항구라 할 수 있는 고성의 거진항이나 대진항, 아야진 해변이 명태잡이가 잘 되는 곳이었다. 그러나 1990년대부터 명태는 근해에서 거의 잡히지 않는다. 현재 유통되고 있는 명태 대부분은 러시아산 수입품이다. 수입한 냉동 명태 대부분은 속초 대포항에서 거래된다.

명태는 수 없이 많은 이름을 갖고 있다. 생것을 생태, 얼린 것을 동태, 말린 것은 북어, 반 건조한 것은 코다리, 어린 것은 노가리나 대구리라고 부른다.

잡는 방법에 따라 분류하기도 하는데 그물로 잡으면 망태, 낚시로 잡으면 조태, 원양어선이 잡으면 원양태, 연안에서 잡으면 지방태가

만선을 꿈꾸며 출어하는 어선. 연안에서 잡히는 지방태는 희귀하다.

명태덕장. 겨울 2~3개월 동안 얼었다 풀렸다 하면 흰색의 명태가 노릇노릇한 황태로 변신한다.

된다. 지방태는 한 마리 당 오천 원 정도 하는데 동해에서 잡히는 명태가 희귀하기 때문이다. 수입 명태는 보통 한 마리당 천 원 정도에 불과하다.

명태는 여러가지 요리법이 있다. 탕, 찌개, 찜, 구이, 해장국 등으로 즐겨 찾는 명태는 한국인이 가장 많이 먹는 물고기 중의 하나다. 그 외에도 명태 내장으로 만든 창란젓, 알로 만든 명란젓, 껍질을 바삭하게 튀겨서 무친 것도 밥반찬으로 애용되고 있다. 또 숙취가 남은 아침에 황태를 넣어 끓인 노릿한 콩나물 국물 한 모금은 새로운 하루를 열어주는 감로수甘露水가 된다.

명태는 칼슘과 단백질이 풍부하여 간 기능을 향상하고, 각종 오염물질을 해독하는 효능이 탁월하다. 그래서 술안주나 해장국으로 잘 팔린다. 연탄가스 해독에도 효능이 뛰어나다. 명태는 알레르기 체질을 개선하는 효능을 가지고 있으며, 감기와 몸살에도 효능이 뛰어나다. 그 외에도 여자들의 고운 피부 유지에 필요한 성분인 레티놀 성분이 다량 함유되어 있다. 명태 간은 시력 회복에도 탁월한 효능이 있다.

이러한 명태의 효능을 극대화한 것이 황태다. 겨울에 일교차가 큰 덕장에 꼼꼼하게 손질하여 걸어두고, 얼고 녹기를 20회 이상 반복하면 흰색에 가깝던 명태의 살점이 노랗게 변하며, 속살이 부드러워지고 비린내 없이 은은한 향기가 나는 황태가 된다. 고성의 진부령이나 미시령 또는 인제의 외진 덕장에서 만들어진 황태는 어떻게 요리해도 맛이 좋고, 다른 음식과 비교가 되지 않는 특별함이 있다.

바리톤 오현명이 부른 가곡 '명태'(양명문 작사)는 길을 걸을 때면 흥얼거리는 내 애창곡이다.

검푸른 바다 바다 밑에서
줄지어 떼지어 찬물을 호흡하고
길이나 대구리가 클대로 컸을 때
내 사랑하는 짝들과 노상 꼬리치며
춤추며 밀려다니다가
어떤 어진 어부의 그물에 걸리어
살기 좋다는 원산구경이나 한 후
에집트의 왕처럼 미이라가 됐을 때
어떤 외롭고 가난한 시인이
밤늦게 시를 쓰다가 쐬주를 마실때 캬~
그의 시가 되어도 좋다 그의 안주가 되어도 좋다
짜악 짝 찢어지어 내 몸은 없어질지라도
내 이름만은 남아 있으리라~명태~명태라고~
이 세상에 남아 있으리라

금강산 화암사金剛山 禾巖寺

학이 날아오른다는 학사평 마을(콩꽃마을)을 지나 울산바위를 조망하기 좋은 미시령 터널 입구에서 델피노 콘도 가는 쪽으로 미시령 옛길이 있고, 표지판을 따라가면 화암사가 있다. 미시령 북쪽은 산경표山經表상으로 금강산계金剛山界가 되니 화암사를 설악산 화암사라 하지 않고, 금강산 화암사라 부른다.

화암사는 금강산 제1 봉우리인 신선봉 아래 자리 잡고 있다. 울산바위보다 멋진 화암(禾巖 또는 秀巖)을 낀 화암사는 한적한 곳에 위치하여 인적이 드문 곳이다. 화암사에 적을 둔 신도도 그리 많지 않다. 외따로 떨어져 있어 사세寺勢가 빈한한 까닭에 절집 살림을 꾸리기 어려울 터인데, 수행과 불사를 게을리 하지 않으며 20년 동안 화암사 살림을 꾸려온 주지는 웅산雄山 스님이다.

웅산 스님의 속가 고향은 남쪽이지만, 장부의 일대사를 해결하기 위해 40여 년 전에 동진출가童眞出家하여, 팔공산 파계사의 도명道明 스님을 은사로 모시고 용맹정진하여 마침내 확철대오廓徹大悟하였다. 지금은 대사 반열에 오른 웅산 스님은 가난한 화암사의 사격寺格을 몇 단계 끌어올린 스님이기도 하다. 수행을 게을리 하지 않고, 계율을 잘 지키며, 가람을 보호하는 것이 스님의 본분사가 아니던가. 은사인 도명 스님은 20년 전에 입적하였는데, 도명 스님의 행장을 살펴보면 무애자재无涯自在한 선승禪僧이었다. 그 은사에 그 제자 아니겠는가? 웅산 스님 또한 어디에도 걸림이 없다. 선기禪機가 번뜩인다는 말이 적합할 것이다.

화암사 종루鐘樓에 서서 화암을 보면 보통사람은 그 웅장함에 압도당한다. 이 절에 사는 스님은 보통 스님이 아닐 것이란 생각이 든다.

기가 센 산이고, 기도발을 잘 받는 절이란 바로 이런 곳이다. 스님은 선기가 수승하여 화암의 웅장한 자태에도 전혀 굴하지 않지만, 그다지 욕심은 없다. 욕심이 없어 화암에서 나오는 하루에 필요한 만큼의 쌀로 절 살림을 꾸려 간다. '스님, 욕심 내어 쌀이 나오는 바위 구멍을 파면 구멍이 막히니 조심하셔야 합니다'하고 농담 삼아 얘기하면 그냥 씩 웃고 만다.

기가 센 산은 육산肉山이 아니라 악산嶽山이다. 한국에서 뛰어난 암릉미巖陵美를 자랑하는 곳에 위치한 절은 대부분 기가 센 산이고, 기가 센 산에는 기가 센 수행자가 주석駐錫하고 있다. 공주 계룡산이나 영암 월출산, 강화 마니산, 설악산 등이 기가 센 산이다. 설악의 귀때기 청봉이나 화채능, 서북능, 공룡능은 신흥사 회주인 오현五鉉 스님이 기운을 누르고 있고, 금강산 신선봉 아래 화암사에는 활달자재活達自在하는 정휴正休 스님이 웅거雄據하며 솟아오르는 화암의 기운을 누르고 있다.

못에는 용이 살아야 영험하고, 산에는 신선이 살아야 명산이 된다고 한다. 신선봉 아래 화암사에는 신령스런 스님이 자취를 감추고 살아가는 영은암靈隱庵이 있다. 자취가 없어 그 폭이나 깊이를 알 수 없는 정휴 스님은 마음의 눈이 열린 스님인데, 과거 인연과 현재의 욕망을 버리고 신령스런 자성自性만 남은 분이다. 떠나기 좋은 날이 따로 있는 게 아니니 어느 날이고 떠날 수 있다는 스님은, 떠나고 나면 육신을 깊은 산속에 버려 굶주린 짐승의 요기 거리가 되도록 하라고 말씀하셨다던가?

스님은 화엄경을 펼쳐두고 창문을 열어 산새들에게 화엄의 세계를 말없이 설하기도 하고, 방하장실放下丈室에서 옛 조사들의 행장을 뒤적이다가 멀리 영랑호나 청초호를 바라보기도 하고, 내방객來訪客에게 조주 스님의 차趙州茶나, 운문 스님의 떡雲門餠이나, 임제 스님의 할臨濟喝이나, 덕산 스님의 몽둥이德山榜를 대접하기도 한다.

금강산 화암사 대웅전

화암사에 단풍이 붉게 물들고 있다.

화암사의 템플스테이관

화암사 영은암(靈隱庵)

화암사 일주문

화암사에서 먹은 공양

정휴 스님은 영은암 주변에 머무는 어둠이 떠나는 소리를 듣기도 하고, 별이 빛을 거두어 하늘로 돌아가는 기척을 느끼기도 한다. 영은암 옆을 흘러내리는 계곡 주변을 포행布行하며 버러지 밥이 될 가죽부대에 불과한 육신을 관조하기도 한다. 금강산 신선봉의 가을이 깊어가는 10월이 되면 낙엽귀근落葉歸根을 생각하며, 동쪽에 가서 말이 되거나, 서쪽에 가서 소가 될 생각을 하기도 한다.

속초에 왔으니 스님께 문안 인사를 드리는 게 도리가 아니겠는가? 산새들을 불러 모아 말없이 화엄경을 설하다가 인기척을 느끼고 반갑게 맞이한다.

–어디에서 왔는고?
–부산 용호동 이기대부터 걸어서 한 달 만에 여기까지 왔습니다.
–어떤 물건이 이렇게 왔는고?
–(한 물건이라 해도 맞지 않습니다만) 스님이 기르는 소를 먹이며 이렇게 왔습니다.
–오랫만에 바른 일을 하였구나.
–스님, 걷다 보니 모든 것이 비워지며 명료해졌습니다.
–허허허
–………
–우룡 스님이 동국대 교수직을 버리고 부처님 자취를 따라 3개월간 인도를 걸어서 여행한 적이 있었다. …부처님의 법은 책에서 배우는 게 아니라 몸으로 체득해야 한다. …육신을 움직이면 정신이 맑아진다. …알고 있던 것들도 더욱 분명해지고, 흐리멍텅하던 것들도 더욱 명료해진다. …끝났느냐?
–이틀을 더 걸어 통일전망대까지 다녀오겠습니다.

금강산 화암사의 화암(禾巖). 수암(秀巖)이라 부르기도 한다.

–편히 쉬고 마지막 회향을 잘 하도록 하여라.

–예, 스님.

주지인 웅산 스님이 노스님을 모시는데는 법도가 살아 있다. 저녁 공양 시간이 많이 지났지만 스님은 근처 식당에 데려가 여행에 지친 나그네에게 황태 요리와 곡차 한 잔을 권한다. 들판에서 먹는 잿노리 밥상이면 충분한데 일부러 황태국, 황태요리를 권하는 것은 나 또한 명태처럼 자비보살로 살아가라는 뜻일 게다.

그날 나는 화암사의 요사寮舍인 수미산須彌山의 겨자씨가 되어 하룻밤을 묵었다. 바람은 물소리를 베개머리로 실어 나르고, 달은 산 그림자를 잠자리로 옮겨 주었다.

PART 12

고성 구간

46코스

장사항~삼포해변

총거리 15km/소요시간 5시간 10분

—

47코스

삼포해변~가진항

총거리 9.7km/소요시간 3시간 20분

—

48코스

가진항~거진항

총거리 16.4km/소요시간 5시간 20분

—

49코스

거진항~통일안보공원

총거리 11.8km/소요시간 5시간 30분

—

50코스

통일안보공원~통일전망대

총거리 11.7km/소요시간 2시간 40분

—

해파랑가게

개관 분단의 아픔, 고성

모든 사람은 자기가 가진 고통이 가장 아프고 유일무이한 것이라 생각한다. 사실, 돌아보면 사람들 모두 비슷한 아픔을 가지고 살아간다. 처지의 어려움보다는 인간관계의 어려움이나 마음의 어려움이 더욱 고통스러운 것처럼 보인다. 그러니 평소에 마음을 바로 살펴야 한다. 인간관계도 크게 생각해야 한다. 나쁜 짓을 일삼는 사람은 교훈을 줘서 필요하고, 좋은 씨를 뿌리는 사람은 본보기를 줘서 필요하다. 그래서 고경古鏡이라 하는가 보다. 우리 모두는 옛 거울을 보며 어려움을 헤치고 살아가는 세상이다.

분단의 아픔을 물씬 풍기는 고성 구간은 군부대나 철조망이 걷기 길을 가로막는 경우가 많다. 고성 구간은 60km 정도인데, 해파랑길 제50코스는 군사작전 구역이어서 걸어서 갈 수 없다. 지구상에 얼마 남지 않은 긴장이 팽팽한 곳으로, 화력火力이 집중되어 있는 비무장지대이기 때문이다.

영랑호 북쪽에 있는 용촌교에서 시작하는 고성 구간은, 청간정-아야진 해변-삼포 해변-송지호-왕곡 전통마을-공현진-가진-거진-화진포호-현내-마차진-통일전망대 출입신고소-명파 해변-제진리-고성 세관-통일전망대까지다.

고성 구간은 청간정과 천학정 주변 바다 경치가 좋다. 멀리 내륙에 위치한 금강산 자락의 건봉사乾鳳寺도 둘러보아야 한다. 송지호와 화진포호의 아름다운 걷기 길도 매력적이고, 제47코스에 있는 '어명기 전통가옥'이나 '왕곡 전통마을'도 강원도 사람들의 생활상을 볼 수 있는

청간정(淸澗亭, 관동팔경의 하나이다)

송지호 걷기 길(송지호 산소길로도 불린다)

소나기가 지난 후 화진포호에서 바라본 낙조

왕곡 마을 입구의 장승

화진포 해변의 김일성 별장. 근처에는 이승만 별장, 이기붕 별장 등이 있다.

곳이다. 마차진을 통과하면 통일전망대 출입신고소가 있고, 일차 검문소를 통과하면 명파 해변까지 걸을 수 있다. 그러나 명파 해변을 돌아 제진 검문소에 도착하면 더 이상 걸을 수 없다.

통일전망대 앞에 서면 그리운 금강산이 그림처럼 아스라이 펼쳐진다. 멀리 삼일포와 총석정이 보이고, 희미한 모습의 금강산 일만이천봉이 나그네를 반긴다. 부산, 울산, 경주를 내륙으로 돌아 포항에서 바다로 나온 7번 국도는 여기 고성 통일전망대 옆으로 이어져 북쪽으로 계속 건설되고 있건만, 걸어서 갈 수 없는 저 땅이 야속하기만 하다. 마음속으로 최영섭이 작곡한 '그리운 금강산'을 부르며 분단의 아픔을 달랠 수 밖에. 몇해 전 서해 최북단 강화도 통일평화전망대에서 그의 노래비를 보며 가슴 뭉클해 한 적이 있었다. 그 뭉클함, 그 기대로 '그리운 금강산'(한상억 작사, 최영섭 작곡)을 큰 소리로 불러본다.

누구의 주재런가 맑고 고운 산
그리운 만이천 봉 말은 없어도
이제야 자유만민 옷깃 여미며
그 이름 다시 부를 우리 금강산
수수만 년 아름다운 산 못 가본지 그 몇 해
오늘에야 찾을 날 왔나 금강산은 부른다

비로봉 그 봉우리 짓밟힌 자리
흰 구름 솔바람도 무심히 가나
발 아래 산해 만 리 보이지 마라
우리 다 맺힌 원한 풀릴 때까지
수수만 년 아름다운 산 못 가본지 그 몇 해
오늘에야 찾을 날 왔나 금강산은 부른다

통일전망대

해파랑길은 총 50코스로 나누어져 있다. 어떤 기준에 따른 것이 아니라 편의상 나눈 코스인데, 한 코스는 보통 15km 정도다. 제1코스는 부산 이기대 길이고, 제49코스는 거진항에서 명파 해변까지, 제 50코스는 명파 해변에서 통일전망대까지다.

오늘은 49~50코스를 걷는다. 두 코스를 합쳐 25km 정도니 얼른 걷고, 통일전망대에서 나름대로 통일에 대한 전망展望이나 해야겠다. 거진항–화진포호–화진포 해변–초도항–대진항–마차진 해변–명파 해변–제진 검문소–통일전망대까지가 오늘 걷기 코스이지만, 제진 검문소에서 통일전망대까지 걷기 위해서는 군부대의 까다로운 심사과정을 통과해야 하니 번거로움을 피해 명파 해변까지만 걷고자 한다.

통일전망대를 간다는 기대로 새벽 6시부터 걷기 시작하여 대진항에 이르니 9시가 된다. 마땅한 식당이 없어 길가 초라한 식당에서 가볍게 아침식사를 했다. 다시 걷기 시작하여 마차진 해변 초입의 금강산 콘도를 지나 통일전망대 출입 신고소에서 30분 정도 지체하니 정오가 된다. 출입 신고서를 작성하고 안보교육을 받은 후 순서를 기다려야 하니 어쩔 수 없다. 다시 명파 해변까지 걷고, 통일전망대에 이르니 오후 2시.

통일 염원은 종교를 초월하는 것 같다. 전망대 계단을 오르니 관세음보살상, 성모 마리아상, 십자가가 함께 통일을 기원하고 있는 모습이 이채롭다. 통일전망대에서 우리의 소원이 통일임을 깨닫는 순간, 초등학교에서 배운 노래가 저절로 입에서 새어 나온다.

우리의 소원은 토옹일, 꿈에도 소원은 토옹일…

통일전망대에서 바라본 북녘 땅. 저 멀리 호수풍경이 아름답다는 삼일포가 보인다.

통일전망대 가는 제진 검문소. 밤이 되니 경비가 삼엄하다.

통일, 정말 오랫동안 계속된 소원이었다. 정성이 지극하면 소원이 이루어진다던데, 통일은 아직 한참을 기다려야 하는가? 얼마나 기다렸던가? 60년인가? 100년인가? 백 년도 넘는 것 같다. 청일전쟁 후 중국에 갖다 바친 만주 땅 간도를 생각하면 백 년이 훨씬 넘는다. 중국이 동북공정東北工程이니 뭐니 하면서 지속적으로 간도의 실효지배를 확인하고 있지만, 내게는 아직도 간도가 수복해야 할 우리 땅이다. 내게 통일은 남북통일뿐만 아니라 간도 땅의 수복을 의미한다. 왜 역사책에서 간도를 제외하고 있는지, 알면서도 일부러 간도를 외면하고 있는지 이해할 수 없다. 간도 지역을 조선족 자치구라 적고 있는 중국지도를 보면 가슴이 답답하다.

고성 통일전망대 앞에 서서 여름인데도 황량함이 느껴지는 비무장지대를 바라보면 눈이 자꾸만 뿌옇게 흐려진다. 흐린 시야는 통일에 대한 전망이 불투명해서 나타나는 현상인가? '혼자서 바라면 꿈이 되고, 여럿이 바라면 희망이 되고, 모두가 원하면 현실이 된다'고 한다. 모두가 원하면 실현된다는데, 아직 통일이 요원한 것은 분명 원치 않는 사람이 있어서일 것이다. 통일 노래도 지극한 정성을 담지 않고 건성으로 부르니 이루어지지 않는 것이 아닐까?

통일을 원하지 않는 사람들은 통일 이후에 필요한 경비를 걱정한다. 남북한의 경제력을 따져보면 과거 독일 통일에서 증명된 것처럼 통일비용이 엄청난 부담이 될 수도 있다. 천문학적인 금액인 2,000조 원 이상이 필요하다는 연구결과도 있다. 하지만, 경비문제는 별로 걱정하지 않아도 된다고 생각한다. 왜냐하면 통일이 되면 분단 상황에서 꼭 필요한 국방 예산이 대폭 절감된다. 또한 북한의 천연자원을 개발하고, 대륙으로 진출하면 5년 이내에 통일비용 2,000조 원을 감당할 수 있을 것이라 생각한다. 그래서 경비는 별로 중요한 문제가 아니라고 생각한다.

경제적인 문제가 아니라면 통일을 가로막는 장애요소는 무엇인가? 통일을 바라지 않는 사람들이다. 분단체제가 유지되기 바라는 사람은 누군가? 집권층이나 기득권자들이다. 특히 북한의 집권층은 체제유지 의지가 강해 엄청난 무리를 하면서 분단 상황을 고착화한다. 남한의 기득권층 역시 마찬가지다. 그들은 항상 통일비용을 걱정하면서 생전의 편안함만 추구한다. 통일 논의가 시작되면 통일비용을 언급하며 본질을 흐리고 통일 후폭풍을 그럴 듯하게 이야기하여 통일에 대한 부정적인 생각만 쌓이도록 한다. 그들은 통일이 가져올 희망찬 미래나 장점에 대해서는 말하길 꺼린다.

십여 년 전에 북한 노동당 비서 황장엽이 중국의 한국 대사관을 통해 남한으로 망명했다. 황장엽은 남한에 북한 간첩 5만여 명이 암약暗躍하고 있다는 폭탄 발언을 했다. 황장엽은 북한과 내통하는 자들이 유언비어를 날조하고, 폭력 시위를 선동하고, 합법을 가장한 불법 행동을 서슴지 않는다 했다. 친북 성향의 국회의원도 30명이 넘게 국회에서 잠복 활동하고 있다고 했다. 에누리해서 듣는다 해도 그 숫자는 엄청나다.

나는 이들 또한 온갖 사상이나 이론으로 통일에 부정적인 견해를 선전하고 있다고 본다. 한쪽에 치우친 주장을 하여 통일에는 전혀 우호적인 세력이 될 수 없다고 본다. 가만 따져보면 집권층이나 친북 성향의 사람들 모두 통일에 유보적인 태도를 가지고 있다는 생각이 든다.

통일을 서둘러야 한다. 이론으로 무장한 세력들은 주변 강대국의 입장을 고려해야 한다고 주장하기도 한다. 냉정하게 따져보면 주변 강대국의 입장은 그리 중요하지 않다. 주변 강대국 미.중.일.러의 입장을 각각 살펴보자.

화진포 해변에서 바라본 구금도

미국-원칙적으로 남·북한 통일에 찬성한다. 통일이 되면 우선 북한의 핵 위협이 사라진다. 그리고 남·북한이 대치하고 있는 상황에서 부담하는 국방비가 줄어든다. 통일한국과 우방관계를 유지하고 유사시 군사개입을 할 수 있는 조약을 체결할 수 있다면 미국은 더 바랄 것이 없게 된다. 통일한국이 중국과 대치해준다면 미국은 더욱 좋다. 현재 상황에서 통일한국이 간도문제를 건드리지 않는다면 중국과 영토분쟁도 없을 것이고, 현 상태로 중국과 국경선을 유지하게 될 것이다. 켕기는 일은 통일한국이 중국과 가까워진다면 동북아에서 미국의 영향력이 줄어드는 것이다. 그러면 일본을 재무장시켜야 하는 부담이 남는다.

러시아-남북통일에 대찬성이다. 시베리아 횡단철도 건설이나 시베리아 에너지 개발, 시베리아 경제발전을 위해 통일한국이 지대한 기여를 할 수 있을 것이라 기대하므로 남북통일에 적극 찬성한다.

일본-무조건 반대한다. 통일한국이 핵을 보유한 강력한 국가가 되고, 경제적으로 일본을 따라잡는다면 일본이 구축한 세계경제 주도권이 위협받는다. 일본이 진정으로 원하는 것은 60년 전처럼 다시 한 번 한국전쟁이 일어나 침체한 일본경제를 회복하는 것이다. 한국전쟁이 다시 일어나 전쟁에 필요한 엄청난 군수물자를 수출하여 경제 활성화를 기대하는 것이 일본의 기본 입장이다. 남의 불행이 나의 행복이 된다는 일본인의 생리와 자연재해로 침몰해 가는 일본경제를 생각한다면 한국의 분단과 전쟁만이 그들이 살 길이 된다.

중국-반대한다. 특히 통일 후에도 미군이 통일한국에 주둔하면서 중국과 대치하는 것을 원하지 않는다. 더구나 통일한국에서 정신 차린 한국인들이 만주나 간도 지역의 영토회복운동을 시작하면 국경분쟁이

금강산콘도에서 바라본 마차진해변. 700m를 더 진행하면 '통일전망대 출입신고소'가 있다.

통일전망대 입구의 공군작전 기념비

제진검문소 가기 전에 세워진 통일번영기원비. 민족통일강원도협의회에서 건립하였다.

발생할 것이다. 그렇게 되면 확장과 통합을 주장하는 중화정신도 흔들리게 된다.

사정이 이렇다 해도 우리가 주변 강대국의 입장을 모두 고려할 필요는 없다. 우리 삶이 더 중요하지 않은가?

이동 양봉업자들은 꽃 피는 봄이 오면 남쪽 지방에서 벌통을 차에 싣고 개화시기에 맞추어 서서히 북쪽으로 이동하면서 꿀을 채취한다. 2-3명이 한 조가 되어 짐차에 벌통을 싣고 남해에서 출발하여 휴전선까지 가는데 보통 두 달 정도 걸린다. 그들은 휴전선 부근에 도착하면 분단 현실을 안타까워한다. 적어도 한 달 이상 더 꿀을 채취할 수 있는 기간을 분단 상황이 빼앗고 있기 때문이다. 이들은 개화기에 오랫동안 비가 온다든가 이상기후로 밀원蜜源이 부족해 어려움을 겪기도 하고, 과수원에 뿌리는 농약으로 많은 벌을 잃기도 한다. 양봉에 최대 천적인 말벌의 횡포도 만만치 않다. 그래도 이동 양봉업자들이 정말로 바라는 것은 휴전선을 넘어 저 멀리 원산-함흥-청진-회령까지, 아니 더 멀리 중국 하얼빈까지 꿀을 따러 올라가는 것이다.

나 또한 그러하다. 나도 저 멀리 비무장지대를 통과하여 흑룡강성 하얼빈이나 블라디보스톡, 하바로프스크까지 계속 걷고 싶다. 시인 문병란도 '직녀에게'(『땅의 연가』 창비)라는 시에서 이렇게 말한다.

이별이 너무 길다
슬픔이 너무 길다
선 채로 기다리기엔 은하수가 너무 길다.
단 하나 오작교마저 끊어져 버린
지금은 가슴과 가슴으로 노둣돌을 놓아

면도날 위라도 딛고 건너가 만나야 할 우리,
선 채로 기다리기엔 세월이 너무 길다
그대 몇 번이고 감고 푼 실올
밤마다 그리움 수 놓아 짠 베 다시 풀어야 했는가.
내가 먹인 암소는 몇 번이고 새끼를 쳤는데,
그대 짠 베는 몇 필이나 쌓였는가?
(중략)
이별은 이별은 끝나야 한다
말라붙은 은하수 눈물로 녹이고
가슴과 가슴을 노둣돌 놓아
슬픔은 슬픔은 끝나야 한다, 연인아

봉준호 감독의 '설국열차'는 지구온난화에 잘못 대응하여 기상이변으로 스스로 멸망하는 세계를 그려내고 있다. 지난 500년 간 근대화, 혹은 현대화로 발생한 온갖 문제, 이념이나 종교가 노정露呈한 세계의 모순구조가 영화 '설국열차'에 고스란히 담겨 있다. 새로운 빙하시대에서 탈출을 감행하면서도 자기 모순은 그대로 간직한 군상들이 그려내는 이야기가 '설국열차'의 주된 내용이다. 이제 봉준호 감독이 만들어야 할 영화는 '괴물'이 된 서울, 대한민국의 모습이나 답답한 현실에서 돌파구를 모색하는 '설국열차'가 아니다. 통일을 준비하고 그 과정에서 나타날 모순을 예견하는 '통일열차'가 되어야 한다.

우리 또한 더 굳건해야 한다. 팔짱을 끼고 '우리의 소원'이란 노래만 부르면서 통일을 마냥 기다리기만 할 수는 없지 않은가? 수 없이 많은 갈등과 모순이 내재해 있지만, 어쨌든 통일열차를 출발시켜야 옳지 않겠는가? 국가는 내부 분열에서 멸망한다는 토인비의 말을 굳이 인용하지 않더라도, 우리는 너무나 많은 분열과 반목으로 지난 60년을 지내왔다. 이제는 소통과 화합으로 이를 극복하고 통일을 일구어 내야 한다. 이념 차이로 변명하고, 현실에 안주하면서 통일비용을 걱정하며, 내가 이 땅에 살아 있을 동안 통일이 되지 않는다면 어찌 저 멀리 블라디보스톡까지 걸을 수 있단 말인가?

이동 양봉업자처럼 지극히 단순한 이유로 나 또한 부산에서 시작한 해파랑길 걷기를 북한 땅을 넘어 저 멀리 목단강이나 하바로프스크까지 이어가고 싶다. 오랫동안 통일전망대 앞에 서서 아직도 소원에 불과한 통일의 꿈, 희망을 떠올리고 있다. 우리 모두의 지극한 정성으로 마침내 이룩되는 통일의 현실은 언제 오려나?

나는 저 멀리 북한 땅을 지나 시베리아까지 계속 걷고 싶다. 통일이여 오라가 아니라, 통일을 이루자, 통일.

이별이 너무 길다
슬픔이 너무 길다
선 채로 기다리기엔 세월이 너무 길다
말라붙은 은하수 눈물로 녹이고
가슴과 가슴에 노둣돌을 놓아
그대 손짓하는 연인아 은하수 건너
오작교 없어도 노둣돌이 없어도
가슴 딛고 다시 만날 우리들
연인아 연인아
이별은 끝나야 한다
슬픔은 끝나야 한다
우리는 만나야 한다

(직녀에게-문병란 작사)

에필로그

걷는 만큼 더 건강해진다!

사람의 몸은 달리기보다 걷기에 적합하다. 달리기, 축구, 농구, 스키 등 여러 가지 좋은 운동도 많지만 이들은 대부분 관절을 손상하거나 심장에 부담을 준다. 편안한 운동화 한 켤레만 있으면 쉽게 할 수 있는 것이 바로 걷기이다. 특정한 장소도 필요 없다. 친구와 시간을 보내거나 가족이 함께 어울려 할 수도 있고 혼자서 명상하며 스트레스를 풀 수 있는 운동이 바로 걷기다.

걷기는 현대인이 운동 부족으로 생기는 여러 가지 성인병을 예방하고 치료하는 효과가 있다. 또한 오염을 만들지 않는 친환경적인 운동인데다 상체와 하지 근육을 모두 움직여주는 가장 대표적인 유산소 운동이다. 장 자끄 루소가 '걷지 않으면 생각할 수가 없다'라고 말 한 것처럼 걷기는 몸과 마음을 건강하게 하고 질병을 예방하는 최고의 방패이다.

걷기의 효과

일주일에 20시간 걷는 사람은 그렇지 않은 사람보다 뇌졸중 발생이 40% 낮아진다고 한다. 걷는 것은 앉아 있는 것보다 뇌의 혈액순환을 30% 증가시켜 창조적인 생각을 하게 하며, 자연과 일체감 속에 명상의 효과와 스트레스를 줄이는 효과를 주기도 한다. 걷기는 심근경색이나 뇌졸중 같은 심장질환과 뇌혈관질환, 당뇨, 골다공증을 예방할 뿐만 아니라 체내지방을 줄이는데 도움을 준다.

- 심폐기능 향상－걷기는 유산소 운동으로 심폐기능이 향상된다. 혈압이 내려가고 혈액의 점도가 떨어진다. 심장마비에 걸릴 위험성이 50% 가까이 낮아진다.
- 고혈압, 당뇨 예방과 치료－걷기는 고혈압을 예방하고, 혈당 조절기능을 향상하고 칼로리 소모를 높여 당뇨를 예방한다. 하루 30분 활기찬 걷기는 당뇨병 예방약 처방보다 거의 2배의 효과가 있다.
- 골밀도 증가, 골다공증 예방－걷기 운동은 골밀도를 증가시키고 골절을 감소하는 효과가 있다. 다리의 혈액순환과 물질대사가 활발해져 다리 근육도 강화되어 노인들에게 낙상 예방효과로 골절을 줄일 수 있다. 4시간을 걸으면 20시간을 침대에 누워 있는 동안 빠져나간 골질량이 보충된다고 한다. 그래서 70대에 골다공증에 걸릴 가능성이 30% 이상 낮아진다.
- 비만 예방과 교정－걷기는 달리는 것보다 살을 빼는데 효과적이다. 우리 몸은 힘든 운동을 할 때는 당질을, 가벼운 운동을 할 때는 지방질을 더 많이 연소하기 때문에 뛰는 것보다는 빠르게 걷는 것이 비만 교정 효과가 크다. 운동 시작 후 15분이 넘어야 지방이 소비되므로 최소한 30분 이상 걷는 것이 좋다.
- 뇌기능 향상－뇌 세포의 노화를 막는 역할을 하는 뼈들은 하반신에 많이 모여 있다. 다리를 많이 사용하는 걷기는 노화를 방지해주는 뼈들을 운동시켜 뇌를 건강하게 만든다.

• 우울증 예방과 치료효과-걷기는 명상과 함께 스트레스 해소에도 좋고 기분도 전환해 주기 때문에 우울증 예방에도 도움이 된다.

걷기 방법

걷기의 종류에는 천천히 걷는 산보와 시속 6km 정도의 속보, 운동강도가 높은 시속 7km 정도의 걷기, 일반인에게 부담스럽고 관절에 부담을 주는 경보가 있다.

걷기 초보자라면 무리할 필요 없이 산보로 시작하여 걷고 싶은 만큼 천천히 걷는다. 그 후 몸이 걷기에 익숙해지면 한 시간에 6km 정도의 속보로 최소 40분에서 1시간 정도를 일주일에 4번 정도 걷도록 한다.

환자는 무리하면 안된다. 혈압이 높은 사람은 옆 사람과 이야기할 수 있을 정도의 여유를 가지고 걷는다. 심장병 환자는 걷는 시간을 처음에는 3~5분으로 시작해, 점차 연장해 준다. 횟수는 주 3~4일 정도가 적당하다. 당뇨병에는 과격한 걷기가 발의 당뇨병성 괴사 등을 유발할 수 있으므로 부드럽고 여유 있는 신발이 필요하며 물속에서 걷기를 권장한다.

비만자는 숨이 약간 가쁠 정도의 속도로 하루에 최소 1시간 정도로 주 4회 이상 걷는 것이 좋다. 뱃살을 빼기 위해서는 속보가 좋다.

바른 걷기 자세

걷기운동에는 우선 척추에 부담을 주지 않는 좋은 자세가 필요하다. 잘못된 자세는 신체의 밸런스를 깨트릴 수 있기 때문에 바른 자세로 걷는 것이 매우 중요하다. 자연을 즐기는 마음의 여유와 좋은 길을 선택하는 것이 걷기의 효과를 높여준다.

• 바르게 서서 가볍게 주먹을 쥐고 등줄기와 허리를 똑바로

편다. 배의 근육은 등 쪽으로 당긴다.

- 몸을 약간 앞으로 기울이고 턱은 가볍게 끌어당긴다.
- 시선은 10~15m 정도 앞에 둔다.
- 보폭은 자기 키에 0.45를 곱한 정도(신장×0.45)가 적당하다.
- 걸을 때는 발바닥으로 착지하고, 밀어내기에서는 발끝까지 밀어낸다. 발은 11자로 좌우를 대칭적으로 걷는다.
- 팔은 어깨를 축으로 앞으로 옆구리를 스치도록 활기차게 흔든다. 속도를 높이면 팔꿈치는 자연스럽게 구부러진다.
- 걷는 도중의 호흡은 코로 들이쉬고 입으로 내쉬도록 한다. 호흡은 걸음에 맞춰 규칙적으로 크게 쉰다.

걸을 때 주의사항

걷기 전에 자신의 상태를 점검하는 것이 필요하다. 걸을 때 가슴 부위가 아프거나, 호흡이 곤란하고 쉽게 피로해지면 의사와 상담을 하고 난 후에 걷기 여부를 결정하도록 한다.

걷기 중에 물을 자주 마시는 것도 필요하다. 땀을 흘리게 되면 세포 내 염분농도가 올라가 체온이 올라가고 운동능력이 저하된다. 물을 먹고 싶다는 생각이 들면 즉시 물을 마시는 것이 좋다. 걷기가 끝난 이후에는 몸에 축적된 피로 물질을 순환시키기 위한 정리운동으로 수 분 간 스트레칭을 꼭 실시하자. 정리운동이 끝나면 찬물보다는 미지근한 물로 샤워하며 필요한 음료수를 마신다. 마사지나 냉온 욕조에 1분씩 5~10회 정도 혈액순환을 원활히 해주는 것이 발의 피로 회복에 도움이 된다.

또 갑작스럽게 운동을 하면 심장과 관절에 무리를 줄 수 있다. 충분한 준비운동으로 근육을 푼 다음 본격적으로 걷기운동을 한다. 일상생활보다 강한 걷기 후에는 근육과 심폐기능을 휴식시켜주는 마무리 운동을 5분간 하는 것이 좋다.

걷기 좋은 길

우리 주위에는 걷기 좋은 곳이 많이 있고, 전국적으로도 좋은 걷기 길이 많이 조성되어 있다. 대구지역과 근교에는 신천, 월드컵경기장, 두류공원, 동촌, 앞산, 팔공산에 좋은 걷기코스가 정비되어 있으며, 경북지역에도 외씨버선길, 동해안 해파랑길, 낙동강 700리길, 800리 백두대간에 펼쳐진 치유 숲길 등이 있다.

하루 정도 시간을 내어 가족과 걸을 수 있는 길도 많다. 칠곡 가산산성길, 고령 주산 산책로와 독용산성길, 경산 갓바위 오르는 길, 군위 한밤마을 돌담길, 청도 운문사 솔바람길, 구미 금오산 올레길, 선산 주아리 숲길, 김천 모티길, 영천 천수누림길, 상주 낙동강길과 우복동길, 경주 남산 종주길, 양동마을 가는 길, 안동 퇴계오솔길, 하회마을, 병산서원 옛길, 안동호반길, 영주 소백산자락길, 죽령 옛길, 고치령, 문경새재길, 토끼비리길, 예천 회룡포 물길, 십승지길, 금당실길, 포항 호미곶 해맞이길, 영덕 블루로드, 의성 사촌마을과 고운사, 청송 주왕산길, 주산지와 절골계곡, 영양 대티골 숲길, 금강소나무 숲길, 석포 승부역길, 봉화 청량사 산수감상길, 울진 십이령길, 울릉도 행남산책로, 남양 태하 옛길, 성인봉 원시림길 등이 있다.

걷기 매니아들에게는 청송-영양-봉화-영월로 이어지는 13개 코스의 외씨버선길, 제주 올레길, 지리산 둘레길, 부산에서 통일전망대까지 이어지는 50개 코스의 해파랑길, 백두대간길, 남해안의 여러 걷기 길, 서해안 누리길 등의 걷기를 추천한다.

김대현(한국워킹협회 이사장, 계명대학교 의과대 교수)

해파랑길

EAST SEA OF KOREA HAEPARANG TRAIL

해파랑길이란?

해파랑길은 부산광역시 오륙도해맞이공원을 시작으로 강원도 고성 통일전망대에 이르는 초광역 걷기 길이다. 2009년부터 문화체육관광부 주관으로'(사)한국의 길과 문화'와 각 지자체 및 지역 민간단체가 뜻을 모아 조성중이며, 동해안을 따라 총 10개 구간 50개 코스가 거리 770km의 노선을 잇는다. '해파랑길'은 동해의 떠오르는 해와 푸른 바다를 길동무 삼아 함께 걷는다는 뜻이다.

46~50코스 총거리 64.7km 고성 구간

해파랑길의 대단원은 강원도 최북단 고성의 몫이다. 기대 이상의 절경과 명승지가 펼쳐진 고성 해파랑길은 봉포해변을 지나 관동팔경의 하나인 청간정에서 그 첫 번째 절경을 풀어놓는다. 고색창연한 송림에 둘러싸인 청간정을 돌아 나온 길은 잘 정돈된 산책로와 해변이다. 이름처럼 예쁜 아야진항을 사뿐히 돌면 거친 해안 풍광이 일품인 청학정이다. 겨울 철새 도래지로 이름 높은 송지호를 지나면, 왕곡마을에서 강원 북부에서만 볼 수 있는 양통집이라는 독특한 구조의 전통가옥을 만난다. 가진항을 지나면 해파랑길은 농로와 천변길 등으로 다양한 변주를 울린다. 고성의 대표적인 어항인 거진항을 지나면 해맞이산책로다. 이어지는 완만한 오르막을 오르면 화진포 호수와 화진포 앞바다가 시원하게 펼쳐진다. 김일성별장과 화진포해양박물관 앞을 지나 만나는 곳은 분단국가의 현실을 맞닥뜨리는 통일안보공원이다. 해파랑길의 마지막인 50코스 제진검문소부터 통일전망대 구간은 도보가 금지된 곳이다. 통일안보공원에서 출입신고서를 작성하고, 차량을 이용해야 한다.

※걷기가 금지된 고성 최북단 '제진검문소 – 통일전망대'(약 5km) 구간은 15명 이상 인원이 일주일 전에 '통일안보공원(033-682*-0088)'에 신고할 때에만, 군부대 협조를 받아 걷기가 가능하다.

41~45코스 총거리 61km 양양 · 속초 구간

양양의 시작인 주문진해변을 지나면, 거북이를 닮은 갯바위를 비롯해 다양한 볼거리가 가득한 휴휴암에서 쉰다. 정성스레 조성된 해안길을 따르면 조선 개국공신인 하륜과 조준의 성을 따라 이름 지었다는 하조대의 경관이 나그네를 맞는다. 우리나라 3대 관음도량으로 동양 최대의 해수관음상을 모신 낙산사는 걷는 이들의 마음에 안식을 준다. 낙산사 북쪽 숲길을 걸어 만나는 설악해변을 지나면 속초해맞이공원에서 행정구역을 속초로 바꾼다. 길은 여전히 바다를 따르다 대포항에 이르러 잠시 숲길로 드는가 싶더니, 이내 바닷길을 다시 고집한다. 먹을거리로 중무장한 속초 아바이마을에서 식도락을 즐기고, 갯배에 몸을 실어 물길을 건너면 해파랑길 중에서도 손꼽히는 조망을 보여주는 속초등대전망대다. 팍팍한 계단을 올라야 하지만, 등대 위에 올라선 순간 고통은 희열로 바뀐다. 등대를 내려오면, 신라 화랑이었던 영랑이 금강산 수련을 다녀오다 경치에 반해 세상사를 잊고 눌러앉았다는 영랑호의 호반 둘레길을 걷는다.

35~40코스 총거리 86.4km 강릉 구간

해파랑길 강릉구간은 이 지역에서 먼저 조성한 강릉 바우길의 동해안 구간과 겹친다. 해파랑길이나 바우길 중 어느 안내표시를 따라도 무리가 없다. 옥계해변부터 만나는 소나무 숲은 강릉 제일의 명품 숲이다. 모래시계로 유명한 정동진을 지나면 산 위로 뻗은 길이 기다린다. 산정을 오른 해파랑길은 안인해변에 이르러 가쁜 숨을 고르며 편안한 해안길로 스민다. 다시 길은 울창한 송림을 지나 내륙으로 치닫는다. 신라시대의 거대한 사찰이었던 굴산사터를 접견한 해파랑길은 다시 동해로 향한다. 강릉 중앙시장과 남항진해변을 지나면 수려한 경포대를 따라 돈다. 주문진에 다다르면 경치가 뛰어나 정자가 많았다고 전하는 향호에서 양양으로 넘어간다.

28~34코스 총거리 100.5km 삼척 · 동해 구간

해파랑길 중에 가장 의외의 노선을 꼽는다면, 바로 삼척이다. 예상치 못한 편안한 숲길이 연속해서 이어지는 삼척 구간은 신라시대 절세미인으로 알려진 수로부인의 설화가 깃든 수로부인길을 지나 고려의 마지막 왕인 공양왕릉을 거친다. 길고 긴 백사장을 거느린 맹방해변을 지나 에메랄드빛 오십천을 따라 걸으면, 화려한 기암절벽 위에 화룡점정 찍듯 우뚝한 관동팔경 죽서루가 감탄을 끌어낸다. 다시 오십천 물줄기를 따라 내려와 정라진항과 그 뒷골목의 정겨운 길을 지나면, 기묘한 바위들이 늘어선 추암해변이다. 동해시로 행정구역이 바뀐 이곳부터 길은 잘 포장된 인도를 따른다. 동해 시내를 관통하는 탓에 팍팍하리라 여겼던 시내 구간은 자투리 숲길을 잘 엮어내 기분 좋은 걷기여행을 이끈다. 망상해변을 지난 길은 잠시 바다를 버리고 내륙의 숲길을 향하다 어느새 강릉으로 이름표를 바꾼다.

23~27코스 총거리 82km 울진 구간

울진 해파랑길은 어떠한 기교나 화려함 없는 선 굵은 동해안 트레일의 우직함이 드러난다. 그래서 고독과 외로움을 벗 삼아 걷는 여행자에게는 내면의 소리를 더 잘 들을 수 있는 구간이다. 동해에서 나는 모든 어종을 볼 수 있다는 후포항을 지나면, 중국의 월나라에서 소나무를 갖다 심어 송림을 만들었다는 월송정에 다다른다. 관동팔경 중 하나인 월송정은 지금도 넓은 소나무숲을 거느리며 시원한 숲길을 내준다. 울진공항의 외곽 해안을 따르다 잠시 내륙을 만난 길은 곧 바다로 나아가며 다시금 울진 구간의 특징인 우직함으로 북진한다. 관동팔경인 망양정을 만나면, 울진 해파랑길은 다양한 변주를 울린다. 숲길과 하천길, 호수길 등으로 변화무쌍한 재주를 부리던 길은 이마저도 지루한지 다시 바다와 손잡고 곧게 뻗은 해안길로 이어진다.

19~22코스 총거리 62.8km 영덕 구간

'블루로드'라는 이름으로 전국의 걷기꾼을 부르는 영덕 구간은 숲길과 바닷길이 지루하지 않게 적당히 교차하도록 조성된 것이 특징이다. 파도소리만 넘나드는 한적한 갯마을은 고요하고, 활기 넘치는 강구항에서는 왁자지껄한 삶의 현장을 만날 수 있다. 송림이 일품인 숲길을 한동안 걷던 길은 다시 짙푸른 동해를 만나 해안순찰로를 따른다. 대나무가 많아 죽도산이라 명명된 죽도산전망대에 오르면 지나온 길과 가야할 길이 남북으로 아득하고, '저 아름다운 길을 모두 걷고 말리라'는 다짐이 솟는다. 고려후기 문신으로 이름 높았던 목은 이색 선생이 걸었다는 숲길 산책로와 이색 선생이 고래가 뛰노는 모습을 보고 명명했다는 고래불해수욕장에 이르러 영덕의 해파랑길은 울진으로 넘어간다.

13~18코스 총거리 106.3km 포항 구간

해파랑길 중에서 가장 긴 구간이 놓인 포항은 여섯 개 코스에 걸쳐 아름다운 길이 굽이친다. 달빛이 가장 먼저 찾아든다는 양포항을 지나면 장길리 낚시공원에 조성된 편안한 휴식공간을 만난다. 일제강점기의 침탈 흔적을 간직한 구룡포항은 실감 나게 복원한 일본인거리에서 과거와 현재의 사진을 비교하며 걷는 재미가 좋다. 과메기로 대표성을 갖는 특화된 음식문화도 이 구간에서 빼놓을 수 없는 즐거움이다. 연간 백만 명 이상이 찾는 호미곶은 포항의 상징이며, 생각지 못한 숲속 임도길이 장장 20km 이상 이어지며 색다른 묘미를 준다. 포항 시내를 지나는 구간은 포항제철로 인식되는 이 지역의 특징을 고스란히 담으며 여타 구간과 차별성을 가진다. 시내 구간을 지나면 길은 다시 조용한 동해의

02 코스
미포 – 대변항

5km 달맞이공원 어울마당 3.8km 1.5km 송정해변 9.7km 대변항

16.5km / 소요시간 5시간 30분

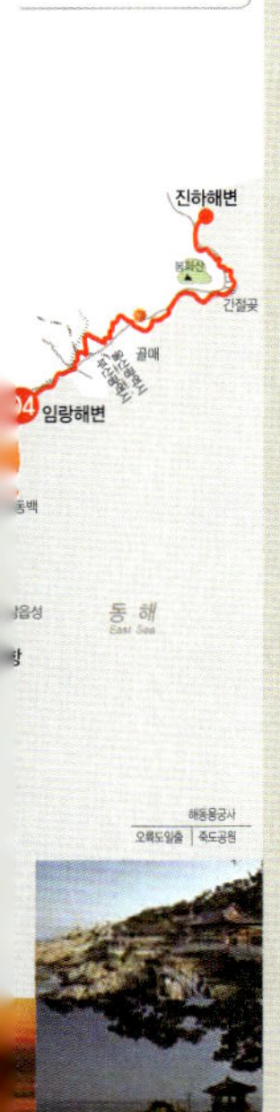

경주구간

10 코스
정자항 – 나아해변

정자항 2.8km 강동화암주상절리 4.0km 관성해변 6.0km 읍천항 1.1km 나아해변

총거리 13.9km / 소요시간 4시간 40분

11 코스
나아해변 – 감포항

나아해변 6.4km 봉길해변(문무대왕릉) 2.7km 감은사지 6.4km 나정해변 1.2km 전촌항 2.2km 감포항

총거리 18.9km / 소요시간 6시간 50분

12 코스
감포항 – 양포항

감포항 3.3km 오류해변 2.5km 연동마을 7.2km 양포항

총거리 13km / 소요시간 4시간 20분

영덕구간

19 코스
화진해변 – 강구항

화진해변 4.3km 장사해수욕장 4.6km 구계항 3.5km 삼사해상공원 3.3km 강구항

총거리 15.7km / 소요시간 5시간 20분

20 코스
강구항 – 영덕해맞이공원

강구항 7.9km 고불봉 8.4km 영덕풍력발전단지 2.5km 영덕해맞이공원

총거리 18.8km / 소요시간 7시간 30분

21 코스
영덕해맞이공원 – 축산항

영덕해맞이공원 1.9km 오보해변 5.2km 경정해변 5.1km 축산항

총거리 12.2km / 소요시간 4시간 10분

22 코스
축산항 – 고래불해변

축산항 7.7km 괴시리전통마을 2.6km 대진항 2.1km 덕진해변 3.7km 고래불해변

총거리 16.1km / 소요시간 5시간 50분

삼척~동해구간

28 코스
부구삼거리 – 호산버스터미널

부구삼거리 6.5km 고포항 5.6km 호산해변 0.5km 호산버스터미널

총거리 12.6km / 소요시간 3시간 30분

29 코스
호산버스터미널 – 절터골

호산버스터미널 2.5km 옥원소공원 7.2km 절터골

총거리 9.7km / 소요시간 4시간

30 코스
절터골 – 공양왕릉입구

절터골 11.8km 문암해변 2.9km 공양왕릉입구

총거리 14.7km / 소요시간 5시간 30분

31 코스
공양왕릉입구 – 덕산해변입구

공양왕릉입구 6.1km 재동소공원 2.9km 덕산해변입구

총거리 9.8km / 소요시간 3시간 50분

32 코스
덕산해변입구 – 추암해변

덕산해변입구 3.7km 상맹방해변 8.7km 삼척역 5.3km 새천년해안유원지 2.4km 삼척해변 2.2km 추암해변

총거리 22.3km / 소요시간 7시간 50분

33 코스
추암해변 – 묵호역

추암해변 6.9km 동해역 2.9km 한섬해변 3.2km 묵호역

총거리 13km / 소요시간 4시간 20분

34 코스
묵호역 – 옥계시장

묵호역 5.1km 대진항 2.9km 망상해변 11.2km 옥계시장

총거리 19.2km / 소요시간 6시간 30분

양양~속초구간

41 코스
주문진해변 – 죽도정입구

주문진해변 3.8km 지경해변 2.9km 남애항 3.9km 광진해변 1.6km 죽도정입구

총거리 12.2km / 소요시간 4시간 10분

42 코스
죽도정입구 – 하조대해변

죽도정입구 5.4km 기사문항 2.8km 하조대 1.4km 하조대해변

총거리 9.6km / 소요시간 3시간 10분

43 코스
하조대해변 – 수산항

하조대해변 4.3km 여운포교 2.2km 동호해변 2.9km 수산항

총거리 9.4km / 소요시간 3시간 10분

44 코스
수산항 – 속초해맞이공원

수산항 5.4km 낙산해변 1.8km 낙산사 2.0km 정암해변 3.3km 속초해맞이공원

총거리 12.5km / 소요시간 4시간 30분

45 코스
속초해맞이공원 – 장사항

속초해맞이공원 1.6km 대포항 4.9km 속초항 1.3km 속초등대전망대 9.1km 장사항

총거리 16.9km / 소요시간 5시간 40분

06 코스
덕하역 – 태화강전망대

8km 선암호수공원 6.1km 울산대공원 고래전망대 1.9km 태화강전망대

15.7km / 소요시간 6시간 40분

08 코스
성내삼거리 – 일산해변

리 5.3km 문현삼거리 1.8km 방어진항 대왕암공원 1.2km 일산해변

11.7km / 소요시간 5시간 20분

포항구간

13 코스
양포항 – 구룡포항

양포항 2.6km 금곡교 7.9km 구평포교 7.8km 구룡포항

총거리 18.3km / 소요시간 6시간 50분

14 코스
구룡포항 – 호미곶

구룡포항 2.9km 구룡포해변 12.4km 호미곶

총거리 15.3km / 소요시간 5시간 20분

15 코스
호미곶 – 흥환보건소

호미곶 2.5km 대보저수지 11.9km 흥환보건소

총거리 14.4km / 소요시간 6시간 30분

16 코스
흥환보건소 – 송도해변

흥환보건소 11.7km 도구해변 2.0km 화신식물원 3.9km 포스코역사박물관 5.7km 송도해변

총거리 23.3km / 소요시간 8시간 30분

17 코스
송도해변 – 칠포해변

송도해변 2.4km 포항여객선터미널 10.2km 포항영일신항만 4.5km 칠포해변

총거리 17.1km / 소요시간 5시간 50분

18 코스
칠포해변 – 화진해변

칠포해변 4.2km 오도교 6.8km 월포해변 8.4km 화진해변

총거리 19.4km / 소요시간 6시간 40분

울진구간

23 코스
고래불해변 – 후포항입구

고래불해변 2.1km 백석해변 8.0km 후포항입구

총거리 10.1km / 소요시간 3시간 30분

24 코스
후포항입구 – 기성버스터미널

후포항입구 1.3km 후포항 9.6km 월송정 3.4km 구산항 5.5km 기성버스터미널

총거리 19.8km / 소요시간 6시간 50분

25 코스
기성버스터미널 – 수산교

기성버스터미널 5.8km 기성망양해변 5.2km 덕신해변 2.9km 무릉교 9.1km 수산교

총거리 23km / 소요시간 7시간 30분

26 코스
수산교 – 죽변등대

수산교 1.2km 울진엑스포공원 4.6km 연호공원 6.9km 봉평해변 3.5km 죽변등대

총거리 16.2km / 소요시간 5시간 40분

27 코스
죽변등대 – 부구삼거리

죽변등대 6.5km 옥계서원유허비각 2.7km 부구삼거리

총거리 9.2km / 소요시간 3시간

강릉구간

35 코스
옥계시장 – 정동진역

옥계시장 3.4km 옥계해변 3.6km 금진항 1.9km 심곡항 4.5km 정동진역

총거리 13.4km / 소요시간 5시간 10분

36 코스
정동진역 – 안인해변

정동진역 4.2km 당집 5.3km 안인해변

총거리 9.5km / 소요시간 3시간 20분

37 코스
안인해변 – 오독떼기전수관

안인해변 3.8km 수변공원 13.8km 오독떼기전수관

총거리 17.6km / 소요시간 6시간

38 코스
오독떼기전수관 – 솔바람다리

오독떼기전수관 2.2km 구정면사무소 5.7km 모산봉 2.9km 중앙시장 7.7km 솔바람다리

총거리 18.5km / 소요시간 7시간

39 코스
솔바람다리 – 사천진리해변

솔바람다리 7.3km 허균 · 허난설헌기념관 3.7km 경포대 5.2km 사천진리해변

총거리 16.1km / 소요시간 5시간 30분

40 코스
사천진리해변 – 주문진해변

사천진리해변 3.2km 연곡해변 5.8km 주문진 3.4km 주문진해변

총거리 12.4km / 소요시간 4시간

고성구간

46 코스
장사항 – 삼포해변

장사항 6.4km 청간정 3.7km 천학정 1.0km 능파대 3.9km 삼포해변

총거리 15km / 소요시간 5시간 10분

47 코스
삼포해변 – 가진항

삼포해변 3.0km 철새관망타워 6.7km 가진항

총거리 9.7km / 소요시간 3시간 20분

48 코스
가진항 – 거진항

가진항 9.3km 연어맞이광장 7.2km 거진항

총거리 16.4km / 소요시간 5시간 20분

49 코스
거진항 – 통일안보공원

거진항 4.8km 역사안보전시관 4.9km 대진등대 1.3km 금강산콘도 0.8km 통일안보공원

총거리 11.8km / 소요시간 5시간 30분

50 코스
통일안보공원 – 통일전망대

통일안보공원 3.7km 명파초교 1.2km 제진검문소 4.8km DMZ박물관 2.0km 통일전망대

총거리 11.7km / 소요시간 2시간 40분

교 / 통 / 편

50개 코스의 각 코스 시작점까지 가는 대중 교통편입니다.

부산구간
- ★1코스(오륙도해맞이공원) 부산역에서 시내버스 27번 이용, 오륙도SK뷰후문 정류장 하차
- ★2코스(미포) 부산역에서 급행버스 1003번 이용, 문텐로드 입구 정류장 하차 후 도보 450m
- ★3코스(대변항) 부산지하철 이용, 2호선 서면역에서 시내버스 181번 이용, 대변항입구 정류장 하차 후 도보(약 30m)
- ★4코스(임랑해변) 부산역에서 시내버스 1003번 이용, 대변항 입구정류장에서 하차 후 시내버스 188번으로 환승, 임랑해수욕장 정류장 하차 후 도보(약 220m)

울산구간
- ★5코스(진하해변) 울산고속터미널 정류장에서 시내버스 715번 이용, 진하정류장 하차 후 도보 이동(약 540m)
- ★6코스(덕하역) 울산고속버스터미널 정류장에서 시내버스 527번 이용, 덕하역앞 정류장에서 하차후 도보(110m)
- ★7코스(태화강전망대) 울산고속버스터미널정류장에서 시내버스 337번 이용, 태화강 전망대정류장 하차
- ★8코스(성내삼거리) 울산고속버스터미널에서 시내버스 133번 이용, 자동차선적장1 정류장에서 하차 후 도보(약 710m)
- ★9코스(일산해변) 울산고속버스터미널에서 시내버스 133번 이용, 일산해수욕장 정류장에서 하차 후 도보(약 440m)

경주구간
- ★10코스(정자항) 울산고속버스터미널에서 시내버스 246번 이용, 북구청남문정류장 하차 후 943번 버스 환승, 정자정류장 하차 후 도보(약 800m)
- ★11코스(나아해변) 경주고속버스터미널에서 좌석버스 150번 이용, 나아정류소 하차 후 도보(약 240m)
- ★12코스(감포항) 경주고속버스터미널에서 좌석버스 100번 이용, 감포초등학교 정류장에서 하차 후 도보(약 270m)

포항구간
- ★13코스(양포항) 포항고속터미널에서 102번 버스 이용, 오천시장 정류장 하차 후 800번 환승, 양포정류장에서 하차 후 도보(약 480m)
- ★14코스(구룡포항) 포항고속버스터미널에서 죽도지구대 정류장 도보 이동 후 좌석버스 200번 이용, 구룡포환승센터 정류장 하차 후 도보(약 120m)
- ★15코스(호미곶) 포항고속버스터미널에서 101번 버스 이용, 동해환승센터 정류장 하차 후 [동해–호미곶]행 버스 환승, 호미곶 정류장에서 하차 후 도보(약 350m)
- ★16코스(흥환보건소) 포항고속버스터미널에서 101번 버스 이용, 동해환승센터 정류장 하차 후 [동해–대동배]행 버스 환승, 흥환보건진료소 정류장 하차
- ★17코스(송도해변) 포항고속버스터미널에서 동아타운사거리 정류장 도보 이동 후 130번 버스 이용, 태왕아파트 정류장 하차 후 도보(약 140m)
- ★18코스(칠포해변) 포항고속버스터미널에서 107번 버스 이용, 성곡1리 정류장 하차 후 [양덕–청하]행 버스 환승, 칠포해수욕장 정류장 하차

영덕구간
- ★19코스(화진해변) 영덕시외버스터미널에서 [영덕–부경온천]행 버스 이용, 남정면 정류장 하차 후 [청하–지경리]행 버스 환승, 대전리입구 정류장 하차 후 도보(약 490m)
- ★20코스(강구항) 영덕시외버스터미널에서 [영덕–장사]행 이용, 강구시외버스터미널 정류장 하차 후 도보(약 1.0km)
- ★21코스(영덕해맞이공원) 영덕버스터미널에서 [영덕–오보]행 버스 이용, 오보정류장 하차 후 도보(약 1.5km)
- ★22코스(축산항) 영덕시외버스터미널에서 [영덕–축산]행 버스 이용, 축산리 정류장에서 하차 후 도보(약 240m)

울진구간
- ★23코스(고래불해변) 영해버스터미널에서 [영해–금곡]행 버스 이용, 병곡정류장 하차 후 도보(약 140m)
- ★24코스(후포항입구) 울진종합버스터미널에서 [울진–평해]행 버스 이용, 후포수협 정류장에서 하차
- ★25코스(기성버스터미널) 울진종합버스터미널에서 [기성]행 버스 이용, 기성공용정류장 하차
- ★26코스(수산교) 울진종합버스터미널에서 [울진–동정]행 버스 이용, 노음정류장 하차 후 도보(약 30m)
- ★27코스(죽변등대) 울진종합버스터미널에서 [울진–덕구]행 버스 이용, 죽변정류장에서 하차 후 도보(약 840m)

삼척~동해구간
- ★28코스(부구삼거리) 부구터미널에서 하차 후 도보(약 700m)
- ★29코스(호산버스터미널) 삼척종합버스터미널에서 시내버스 24번 이용, 호산시외버스터미널 정류장 하차
- ★30코스(절터골) 임원종합버스터미널에서 시내버스 24번 이용, 임원3리정류장에서 하차 후 도보(약 430m)
- ★31코스(공양왕릉입구) 삼척종합버스터미널에서 시내버스 24번 이용, 궁촌정류장 하차 후 도보(약 500m)
- ★32코스(덕산해변입구) 삼척종합버스터미널에서 시내버스 23번 이용, 덕산교회정류장 하차 후 도보(약 350m)
- ★33코스(추암해변) 삼척종합버스터미널에서 시내버스 11번 이용, 후진정류장 하차 후 도보(약 390m)
- ★34코스(묵호역) 동해고속버스터미널에서 시내버스 32-2번 이용, 동해프라자 정류장 하차 후 도보(약 100m)

강릉구간
- ★35코스(옥계시장) 동해고속버스터미널에서 시내버스 91번 이용, 옥계면사무소 정류장 하차 후 도보(약 60m)
- ★36코스(정동진역) 강릉시외버스터미널에서 109번 버스 이용, 정동초등학교 정류장 하차 후 도보(약 400m)
- ★37코스(안인해변) 강릉시외버스터미널에서 109번 버스 이용, 중앙시장 하차 후 112번 버스로 환승, 안인정류장 하차 후 도보(약 170m)
- ★38코스(오독떼기전수관) 강릉고속버스터미널에서 (교통주유소 정류장 도보이동 약 460m)시내버스 101번 이용, 사이말교 정류장 하차후 도보(약 620m)
- ★39코스(솔바람다리) 강릉시외버스터미널에서 시내버스 227번 이용, 남항진 정류장 하차 후 도보(약 460m)
- ★40코스(사천진리해변) 강릉시외버스터미널에서 시내버스 202-1번 이용, 서부시장 정류장 하차 후 313번 버스로 환승 후 사천진리종점 하차

양양~속초구간
- ★41코스(주문진해변) 주문진고속버스종합터미널에서 300번 버스 이용, 주문진해수욕장정류장 하차 후 도보(약330m)
- ★42코스(죽도정입구) 양양시외버스터미널정류장에서 [지경리]행 버스 이용, 두창시변리정류장 하차 후 도보(약 70m)
- ★43코스(하조대해변) 양양시외버스터미널정류장에서 [하조대]행 버스 이용, 하광정리정류장 하차 후 도보(약 590m)
- ★44코스(수산항) 양양시외버스터미널정류장에서[동호리]행 버스 이용, 문화마을정류장 하차 후 도보(약 450m)
- ★45코스(속초해맞이공원) 속초고속버스터미널에서 시내버스 9-1번 이용, 설악산입구 정류장에서 하차 후 도보(약 130m)

고성구간
- ★46코스(장사항) 속초고속버스터미널에서 시내버스 9번 이용, 속초고교입구 정류장에서 하차 후 도보(약 210m)
- ★47코스(삼포해변) 간성시외버스터미널에서 시내버스 1-1번 이용, 삼포리 정류장에서 하차 후 도보(약 180m)
- ★48코스(가진항) 간성시외버스터미널에서 시내버스 1-1번 이용, 가진리 정류장에서 하차 후 도보(약 970m)
- ★49코스(거진항) 간성시외버스터미널에서 시내버스 1-1번 이용, 거진등대입구 정류장에서 하차 후 도보(약 110m)
- ★50코스(통일안보공원) 고성시외버스터미널에서 시내버스 1-1번 이용, 대진시내버스정류장 종점에서 하차 후 도보(약 780m)
- ★종착점(통일전망대) 대중교통 없음. 통일안보공원 신고 후 택시 · 자가용 · 대절버스 등 차량으로 이동

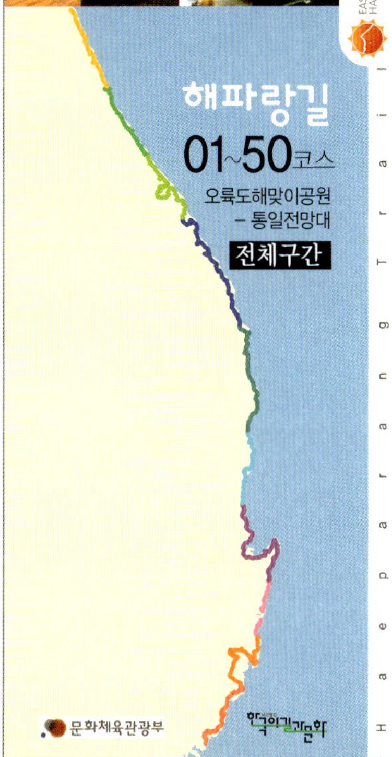

해파랑길

01~50코스

오륙도해맞이공원 – 통일전망대

전체구간

문화체육관광부 한국의길과문화

각 지역별 연락처

부 산

- 본 청 관광진흥과 Tel. 051-888-3524
- 기장군 문화관광과 Tel. 051-709-4082
- 남 구 문화체육과 Tel. 051-607-4934
- 수영구 문화공보과 Tel. 051-610-4372
- 해운대구 관광문화과 Tel. 051-749-4084

울 산

- 본 청 관광과 Tel. 052-229-3873
- 울주군 동해안권 추진팀 Tel. 052-229-7075
- 남 구 문화체육과 Tel. 052-226-5413
- 동 구 문화체육과 Tel. 052-209-3471
- 북 구 문화홍보과 Tel. 052-219-7334
- 중 구 문화체육과 Tel. 052-290-3663

경 북

- 본 청 관광진흥과 Tel. 053-950-2156
- 본 청 관광진흥과 Tel. 053-950-2836
- 경 주 문화관광과 Tel. 054-779-6082
- 포 항 관광진흥과 Tel. 054-270-2883
- 영 덕 문화관광과 Tel. 054-730-6514
- 울 진 문화관광과 Tel. 054-789-5862

강원도

- 본 청 관광진흥과 Tel. 033-249-3363
- 삼척시 관광정책과 Tel. 033-570-3544
- 동해시 관광진흥과 Tel. 033-539-2725
- 강릉시 관광과 Tel. 033-640-5126
- 속초시 관광과 Tel. 033-639-2544
- 양양군 미래전략과 Tel. 033-670-2766
- 고성군 신성장개발과 Tel. 033-680-3062

걷기정보안내 Trekking Information

(사)한국의 길과 문화 www.Haeparanggil.org
www.tnc.or.kr Tel. 02)6013-6610~12 Fax. 02)6937-0259

해파랑길 종합안내소(부산) Tel. 051)607-6395

부산구간

01코스
오륙도해맞이공원 – 미포
오륙도해맞이공원 ⟷4.8km 동생말 ⟷4.0km 광안리해변 ⟷6.7km APEC하우스 ⟷2.2km 미포
총거리 17.7km / 소요시간 5시간 50분

03코스
대변항 – 임랑해변
대변항 ⟷4.5km 기장읍성 ⟷3.7km 기장군청 ⟷2.6km 일광해변 ⟷9.4km 임랑해변
총거리 20.2km / 소요시간 6시간 30분

04코스
임랑해변 – 진하해변
임랑해변 ⟷15.2km 간절곶 ⟷4.5km 진하해변
총거리 19.7km / 소요시간 6시간 40분

해파랑가게

안 내 INFORMATION

해파랑길은 초광역 장거리 트레일로
부산 오륙도해맞이공원에서 강원도 고성 통일전망대에 이르기까지
동해안을 따라 770㎞의 걷는 길로 조성되고 있습니다.

안전여행을 위한 가이드라인

- 하나 안전을 고려하여 여러 사람과 함께 갑니다.
- 둘 자신의 체력에 맞는 코스를 선택합니다.
- 셋 노선 및 관련 기관 연락처를 숙지하고, 현재 위치정보를 숙지하며 걷습니다.
- 넷 물 등 비상식품 및 응급약품은 꼭 가지고 떠납니다.
- 다섯 도로변을 지날 때는 길 가에 붙어서 한 줄로 걸어갑니다.
- 여섯 불필요한 귀중품과 장신구 등은 휴대하지 않습니다.
- 일곱 하절기 오전 9시 ~ 오후 6시, 동절기 오전 9시 ~ 오후 5시 사이에 걷습니다.
- 여덟 지정된 코스를 벗어나지 말며, 가파른 계곡이나 절벽 등으로의 모험은 피합니다.
- 아홉 악천후에는 가급적 걷기여행을 하지 않습니다.

안내체계 설명

• 해파랑길 안내사인 붉은색–고성방향 파란색–부산방향(역방향)

종합안내판	각 코스 출발점과 주요거점에서 코스 안내
방향안내판	기둥형 방향 안내판
나무패널	각 1㎞ 지점을 표시하거나 각 지역의 길 이름 안내
PP패널	주요 지점에서 해파랑길 표시
리본	주요 지점에서 해파랑길 표시
바닥사인	갈림길에서 진행방향 안내

• 해파랑가게 안내

해파랑가게는 해파랑길에 인접한 식료품가게를 중심으로 지정한 해파랑길 간이안내소입니다.
해파랑길 지도와 인근 지역 안내를 받을 수 있습니다.
곳에 따라 해파랑길 기념품 구입도 가능합니다.
지도에 표기된 해파랑길로고 ●가 해파랑가게 지점 표시입니다.

해파랑길 표식 Haeparang Road Sign

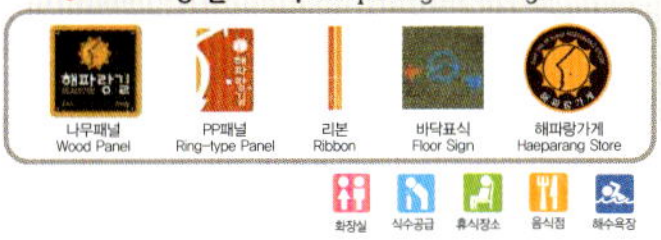

나무패널 Wood Panel / PP패널 Ring-type Panel / 리본 Ribbon / 바닥표식 Floor Sign / 해파랑가게 Haeparang Store

화장실 식수공급 휴식장소 음식점 해수욕장

한국의길과문화 문화체육관광부

여 / 행 / 요 / 령

걷기여행 간단상식

짐 꾸리기 – 가볍게 더 가볍게

장거리 걷기에서는 배낭무게를 줄이는 것이 바람직합니다. 혹시 필요할지 모른다고 이것저것 넣었다간 걷는 내내 우유부단했던 자신에게 푸념과 질책을 늘어놓게 됩니다. 여러 날 걷기를 계획하는 경우, 두세 벌 정도의 여벌을 준비하고 자외선차단제, 모자, 충전기 등도 잊지 않고 챙깁니다. 속옷이나 양말 등 간단한 의복은 숙소에서 세탁하여 사용하는 것도 배낭 무게를 줄이는 방법입니다. 이때 망사형 주머니 또는 고리 등을 활용하면 걷는 중에도 건조할 수 있으므로 효과적입니다.

먹을거리 – 주식은 곡물류, 간식은 단 것으로

걷기여행 중의 하루 세끼 주식은 지구력을 갖게 하는 탄수화물 위주의 식단으로 하고, 간식은 에너지로 곧바로 쓰일 수 있는 사탕이나 초콜릿 같은 단당류가 적합합니다. 또 장거리 여행 시에는 적당한 시점에 식당이 없을 수도 있으므로 두 끼 분량의 비상식(빵, 시리얼바, 에너지젤 등)을 항상 준비합니다. 에너지젤은 순간적으로 많은 양의 에너지를 보급함으로써 갑작스럽게 기운이 빠지거나 힘이 들 때 도움이 됩니다.

숙박 – 휴가 시즌은 비박도 각오해야

국민 휴양지인 동해안은 휴일과 주말에 잠자리 찾기가 만만치 않습니다. 되도록 사전에 숙박을 예약하되, 예약이 어렵거나 현장에서 숙소를 구하기가 어려우면 가까운 관공서, 마을회관을 찾아 도움을 청하는 방법도 고려합니다. 여름 성수기 휴가철에는 한낮에 해수욕을 하거나 그늘에서 쉬고 야간을 이용해서 걷는 방법도 좋습니다. 다만, 야간 도보 시에는 안전을 위해 배낭 뒤에 깜박이는 붉은 안전등을 달아 운전자가 보행자를 인식할 수 있도록 하며, 보행구간이 군부대의 야간 통행 제한구간이 아닌지 미리 확인해야 합니다.

걷기에 수반되는 통증 상식

걷기를 할 때 흔히 맞닥뜨리는 아픔은 발바닥 물집, 어깨와 허리 통증, 무릎과 발목의 관절 통증이 있습니다. 발바닥 물집의 경우, 약국에서 파는 얇은 천테이프를 평상시 물집이 잘 생기는 부위에 감고 걸으면 물집 잡히는 것을 예방하거나 물집이 심해지는 것을 막을 수 있습니다.
어깨와 허리 통증은 배낭의 무게 및 착용방법과 연관됩니다. 먼저 장거리용 배낭은 허리벨트가 허리의 3분의 2 이상을 감쌀 수 있는 두툼한 것으로 준비합니다. 스스로 어깨가 약하다고 생각되면 허리벨트를 단단히 조이고 어깨끈을 약간 헐렁하게 하여 어깨의 부담을 줄이고, 반대로 허리가 약한 경우에는 어깨끈을 꽉 잡아매고 허리벨트를 느슨하게 풀어줍니다. 이렇게 끈 조절을 통해 허리와 어깨의 부담을 번갈아가면서 줄여주는 것이 통증을 예방하고 줄이는 요령입니다.
무릎과 발목 통증은 예방이 최선입니다. 스스로 판단할 때 관절에 이상이 올 수 있다고 생각되면 처음부터 스틱을 사용하는 노르딕워킹을 권합니다. 흡사 네 발로 걷는 것과 비슷한 노르딕워킹을 하면 관절의 부담을 30퍼센트 정도 경감시킬 수 있습니다. 일단 통증이 온다면 가급적 걷기를 중단하고 가까운 병원이나 보건소에서 진료를 받고 의료진의 처방을 따르도록 합니다. 관절 부상은 생각보다 쉽게 낫지 않고 완벽한 치유가 어려울 수 있으므로 무리한 보행은 삼갑니다. 또한, 규칙적인 스트레칭은 통증과 부상 예방에 효과적이므로 자주 하는 것이 좋습니다.

울산구간

05코스
진하해변 – 덕하역
진하해변 ⟷8.0km 온양읍소재지 ⟷2.0km 옹기문화관 ⟷3.0km 우진휴게소 ⟷5.0km 덕하역
총거리 18km / 소요시간 6시간 10분

07코스
태화강전망대 – 성내삼거리
태화강전망대 ⟷5.0km 십리대숲 ⟷3.1km 번영교 ⟷10.2km 성내삼거리
총거리 18.3km / 소요시간 5시간 50분

09코스
일산해변 – 정자항
일산해변 ⟷2.9km 현대예술공원 ⟷4.9km 주전봉수대 ⟷3.5km 주전해변 ⟷7.8km 정자항
총거리 19.1km / 소요시간 6시간 40분

10~12코스 총거리 47.6km 경주 구간

경주 구간은 동해안 용암주상절리 중에서도 으뜸으로 치는 강동화암주상절리가 화려하게 시작하고, 그 뒤를 그림들이 3㎞쯤 도열한 읍천항 벽화마을이 잇는다. 촤르르~ 파도와 몽돌이 빚어내는 경쾌한 소리가 일품인 나아해변을 지나면, 신라의 중요한 세 가지 유적을 차례로 만난다. 신라 30대 왕으로 죽어서도 용이 되어 나라를 지키겠다던 문무왕의 수중릉이 그 첫 번째요, 용이 된 아버지가 머물 수 있도록 신문왕이 지었다는 감은사지의 삼층석탑이 그 두 번째다. 문무왕이 용으로부터 만파식적을 만들 대나무를 건네받았다는 이견대가 마지막을 장식하며, 문무왕 전설의 3단 구조를 완성한다. 세 가지 유적을 모두 거친 해파랑길은 해안을 따르며 동해가 들려주는 파도소리에 젖으며 동해 남부의 중심 어항인 감포항에 다다른다. 이후 길은 여전히 바다를 길동무 삼아 굽이굽이 이어진다. 이 구간에는 야간에 통행금지인 군해안경계 루트가 다수 포함되어 야간통행은 삼가야 한다.

05~09코스 총거리 85km 울산 구간

간절곶은 동해에서 해가 가장 먼저 뜬다는 수식어로 해파랑길 울산구간의 시작을 연다. 명선도 일출로 이름 높은 진하해변에 다다르면 길은 바다를 등지고 내륙으로 꺾어진다. 수줍은 듯 고요히 흐르는 회야강을 따라 내륙 깊숙이 올라간 해파랑길은 국내 옹기문화의 메카를 자처하는 외고산 옹기마을로 접어들어 전통문화와 끈끈한 만남을 시도한다. 덕하역 주변은 21세기로 넘어오다 갑자기 멈춰버린 듯한 거리 모습이 이색적이다. 울산 해파랑길은 공업도시라는 표현이 어울리지 않는 아름다운 숲길과 강변길로 이어진다. 소나무로 거대한 숲을 이룬 곳에 놓인 솔마루길과 십리에 걸쳐 사철 푸른 태화강 십리대밭길은 울산이 생태도시로 거듭나는 전초기지가 된다. 태화강 하류에서 비로소 바다와 해후하는 길은 본격적으로 북진한다. 그 길에는 울산의 발전을 이끈 현대중공업도 있고, 신라 문무왕의 설화가 깃든 대왕암도 자리한다. 왜구의 침입을 알리는 봉대산 주전봉수대에서는 펼쳐지는 짙푸른 동해의 풍광에 두 눈이 황홀하다.

01~04코스 총거리 73.6km 부산 구간

770㎞ 해파랑길 대장정의 시작점은 동해와 남해의 분기점인 부산 오륙도공원. 즉, 동해 최남단이 해파랑길의 출발점인 셈이다. 첫걸음을 내딛자마자 좌중을 압도하는 이기대길의 해안절벽은 감탄사가 절로 나온다. 광안리해변은 광안대교의 웅장한 위용과 고운 백사장이 장도를 시작한 나그네의 마음을 쿵쿵 뛰게 한다. 해운대는 신라 최치원이 속세를 버리고 가야산으로 들던 길에 빼어난 경치에 반해 자신의 자(字)인 해운(海雲)을 바위에 새겨 넣은 후 해운대라 불리게 되었다. 지금도 동백섬 바위에 최치원이 새겼다는 해운대 글씨가 또렷하다. 달빛을 머금으며 걷는 달맞이고개의 문텐로드를 지나는 질박한 길은 멸치 집산지로 이름난 대변항에 이른다. 여기서 기장 죽성리 왜성으로 넘어가던 옛 고갯길은 오로지 두 다리에 의존해야 소통할 수 있었던 고단했던 옛사람들의 애환이 고스란히 남아 있다. 단선철로가 애틋한 그리움을 자극하는 동해남부선 월내역을 거치면, 해파랑길은 울산으로 바통을 넘긴다.

범 례 LEGEND

65 고속도로 Expressway	○ 군청 Office of Gun	✈ 공항 airport
⊙ 광역시청·도청 Metropolitan Government	해변 Beach	05 구간시작점
● 시청 City Hall	▲ 산 Mountain	06 코스시작점

축 척 = 약 1:550,000 (0 5 10 15 20㎞)

※ 이해를 돕기 위한 지도이며 실제거리와 차이가 있을 수 있습니다.

해파랑길 지도 자료 출처: 문화체육관광부, 사단법인 한국의길과문화